Klara Kirschbaum

Lapbooks im Deutschunterricht – 3./4. Klasse

Praktische Hinweise und Gestaltungsvorlagen für Klappbücher zu zentralen Lehrplanthemen

Die Autorin

Klara Kirschbaum studierte in Karlsruhe Lehramt für die Grundschule mit den Fächern Deutsch, Religion und Sachunterricht. Sie absolvierte das Referendariat an einer Grundschule in Köln und arbeitet seitdem in Hamburg.

Gedruckt auf umweltbewusst gefertigtem, chlorfrei gebleichtem und alterungsbeständigem Papier.

1. Auflage 2018

Grafik: Rebecca Meyer
sowie Julia Flasche (Piktogramme Arbeitsaufträge, Blume S. 40/41, Lupe S. 58, Schneemann S. 41),
Katharina Reichert-Scarborough (Wolken S. 40, Junge S. 38, Junge S. 57), Alexandra Hanneforth (Blatt S. 21, Licht S. 58),
Satzpunkt Ursula Ewert GmbH (Bastelvorlagen, Uhr S. 58)
Satz: Satzpunkt Ursula Ewert GmbH, Bayreuth

ISBN: 987-3-403-20136-6

www.persen.de

Was sind Lapbooks?

Ein Lapbook ist ein Klappbuch, eine kleine Mappe, die sich mehrfach ausklappen lässt und von den Kindern individuell gestaltet und ausgestattet werden kann. So passen zum Beispiel kleine Taschen, Faltbücher, Klapphefte, Drehscheiben, Leporellos, Bilder u. v. m. hinein. Durch das Gestalten ihres Klappbuchs können die Schüler[1] ihre Lernergebnisse durch Basteln, Schreiben und Ausarbeiten festhalten. Dies geschieht auf eine motivierende, kreative Weise und alle erzielen dabei ein eigenes Ergebnis. Jedes Lapbook ist individuell, keines sieht aus wie das andere. Die Kinder entscheiden selbstständig, wie sie mit erarbeiteten Informationen umgehen, und bringen dabei unterschiedliche Aspekte schriftlich und gestalterisch in ihr Buch ein.

Einsatz von Lapbooks im Unterricht

Lapbooks können in nahezu allen Fächern eingesetzt werden. Zusätzlich zum Deutschunterricht bieten sie sich zum Beispiel zu Themen des Mathematik- (Addition, Subtraktion, Größen, Wahrscheinlichkeit ...), Musik- (Musiker, Instrumente, Noten ...), Religions- (biblische Geschichten, Martin Luther ...) und Sachunterrichts (Römer, Wetter, Igel ...) an.
Im Persen Verlag sind bereits mehrere Lapbooks für verschiedene Fächer erschienen.

Zielsetzung

Die Kinder

- setzen sich intensiv mit dem Thema auseinander,
- verschaffen sich selbstständig Informationen,
- arbeiten individuell,
- arbeiten in Einzel-, Partner- oder Gruppenarbeit zusammen,
- dokumentieren und präsentieren ihre Ergebnisse,
- lernen und wiederholen die Inhalte.

Material

Bedingung für die Arbeit mit Lapbooks ist eine Vielfalt an Materialien. Ausgelegt werden sollten:

- Tonpapier, Tonkarton und farbiges Papier
- Lapbook-Vorlagen (mehrfach kopiert)
- kopierte Infokarten zu den Themen
- Musterklammern
- Klebestifte
- Stifte
- Scheren
- Miniwäscheklammern
- Bindfaden/Schnur
- Bücher/Textmaterial/Gedichtbände
- Tesafilm

Zur vertiefenden Themenrecherche sind außerdem ein PC mit Internetzugang sowie Lexika, Sachbücher, Zeitschriften, ausgedruckte Fotos etc. sinnvoll.

Vorgehen

Je nachdem, ob und wie Sie das vorliegende Material nutzen und erweitern möchten, sollte für jedes Kind am besten ein DIN-A3-Bogen Pappe oder festeres Papier zur Verfügung stehen.
Das DIN-A4-Format ist auch möglich, doch dann fallen die Lapbooks recht klein aus und die Kopiervorlagen müssen angepasst werden.
Die Seiten des in Querformat gelegten Pappbogens werden zur Mitte hin umgeklappt, sodass ein aufklappbares Buch entsteht (siehe Abbildung auf der folgenden Seite). Nach oben und unten kann diese Grundform durch weitere klappbare Elemente erweitert werden.
In dieses Buch hinein basteln und gestalten die Kinder nun mit verschiedenen Elementen zum jeweiligen Thema. Das Deckblatt können sie frei gestalten oder Sie stellen den Kindern eine Vorlage zur Verfügung.

Differenzierung

Lapbooks bieten eine gute Möglichkeit zur Differenzierung, da jedes Kind sein Lapbook eigenständig und nach eigenen Vorstellungen,

[1] Wir sprechen hier wegen der besseren Lesbarkeit von Schülern bzw. Lehrern in der verallgemeinernden Form. Selbstverständlich sind auch alle Schülerinnen und Lehrerinnen gemeint.

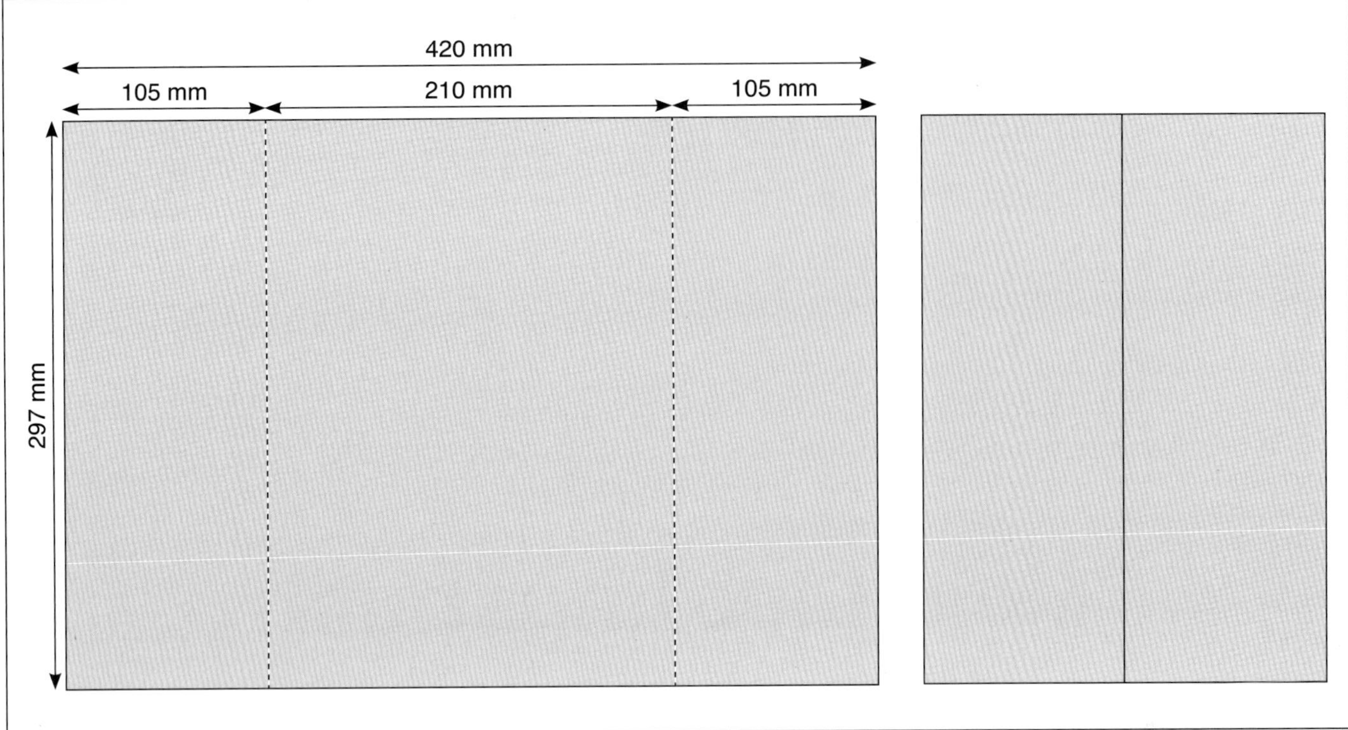

Fähigkeiten und Fertigkeiten gestaltet; auch die konkreten Inhalte kann es selbst bestimmen. Weiterhin gibt es sowohl einfache Vorlagen, die im Grunde nur ausgeschnitten werden müssen, als auch solche, die mit relativ viel Inhalt gefüllt werden können. Des Weiteren bieten sich Lapbooks für Partner- oder Gruppenarbeiten an und sind somit besonders für inklusiv arbeitende Klassen geeignet.
Kinder haben Freude daran, ihre fertigen Lapbooks der Klasse zu präsentieren, und sie wiederholen dadurch ganz nebenbei die Lerninhalte. Jedes Lapbook sieht anders aus und zeigt somit ein individuelles Lernergebnis, was die Präsentation und Besprechung mit der Klasse besonders abwechslungsreich und spannend macht.

Bewertung

Die Kinder erarbeiten sich die Inhalte des Themas selbstständig. Parallel zum Unterrichtsverlauf bietet es sich an, eine Tabelle anzulegen, die als eine Art Bewertungsraster verwendet werden kann. Ein Beispiel finden Sie auf Seite 75. Die fertigen Klappbücher können nach den Präsentationen eingesammelt und von der Lehrkraft als Portfolio der Arbeit genutzt werden.

Klassenstufen

In jüngeren Jahrgängen bietet sich eine behutsame Heranführung an die Arbeit mit Lapbooks an. Zu Beginn jeder Stunde können die Kinder mithilfe ihres Lapbooks die erarbeiteten Inhalte wiederholen. Eventuell kann in jeder Stunde eine kleine Anzahl an Lapbook-Elementen bereitgestellt werden. Dann werden die Aufgaben Schritt für Schritt erweitert – und somit entwickelt sich das Klappbuch im Laufe einer Unterrichtseinheit.
Zudem sollten in den Klassen 1 und 2 noch stärkere Vorgaben gemacht und konkrete Aufgabenstellungen formuliert werden; auch die (Sach-)Informationen werden von der Lehrkraft vorgegeben. Je mehr die Kinder mit der Methode Lapbook vertraut sind, desto freier können sie sich ein Thema erarbeiten, bis sie irgendwann nur noch Blankovorlagen erhalten und sich das Thema ganz eigenständig erarbeiten.
Grundsätzlich richtet sich die Vorgehensweise in höheren Klassen danach, über welche Erfahrungen die Kinder verfügen und ob sie sich selbstständig Informationen besorgen können (mithilfe von Büchern oder dem Internet).

  **Male die Vorlagen für das Deckblatt an und schreibe deinen Namen in das Feld.**

 **Schneide die Vorlagen aus.**

 **Klebe sie auf dein Lapbook.**

Mein Lieblingsbuch

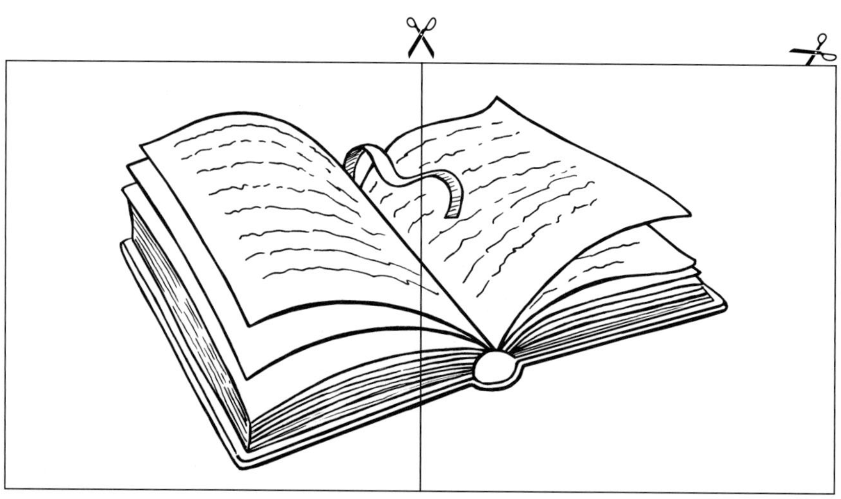

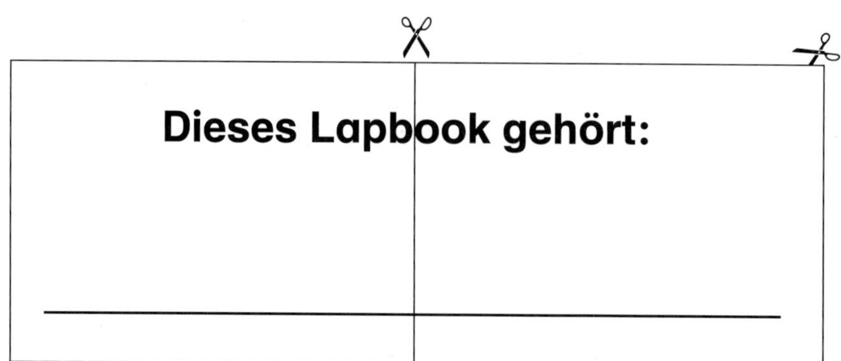

Dieses Lapbook gehört:

 **Suche dir vier Figuren aus deinem Lieblingsbuch aus.**

 **Schreibe die Namen auf den Kreis. Verwende für jede Figur ein Feld.**

 **Male die Figuren neben die Namen.**

 **Schneide die Kreise aus, lege sie übereinander und hefte sie auf dein Lapbook.**

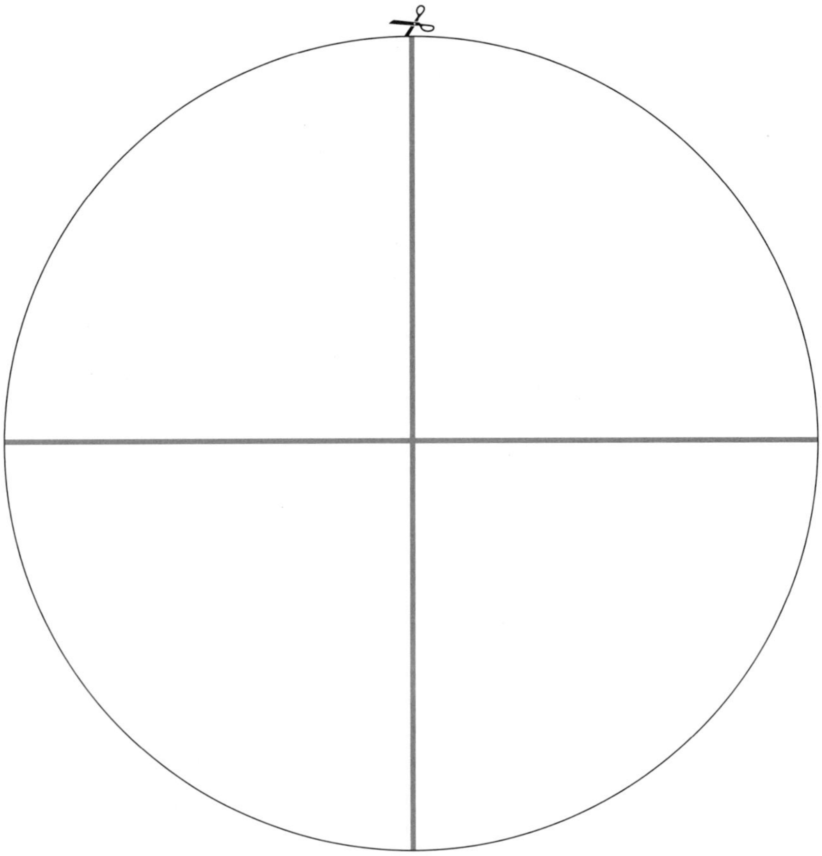

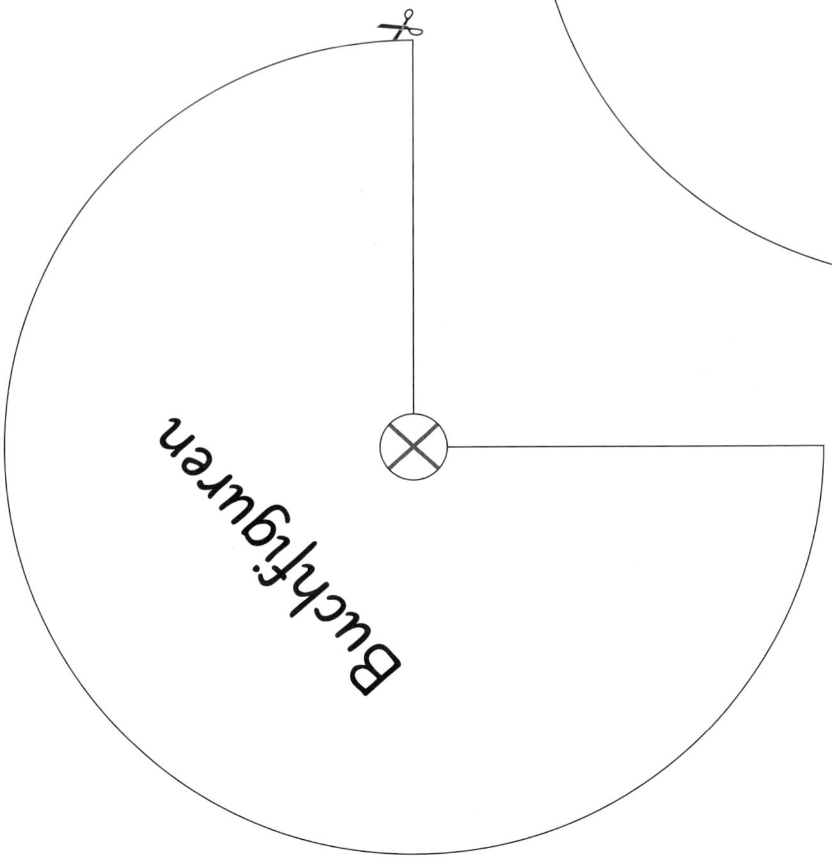

Buchfiguren

Welche Figur aus deinem Lieblingsbuch würdest du gerne sein? Und warum?

Schreibe die Figur und deine Gründe auf die Herzen.

Schneide die Form aus und falte sie zu einem aufklappbaren Herzen.

Klebe das Herz auf dein Lapbook.

Wähle eine Figur aus deinem Lieblingsbuch aus und schreibe einen Steckbrief.

Schneide das Leporello aus.

Falte es und klebe es auf dein Lapbook.

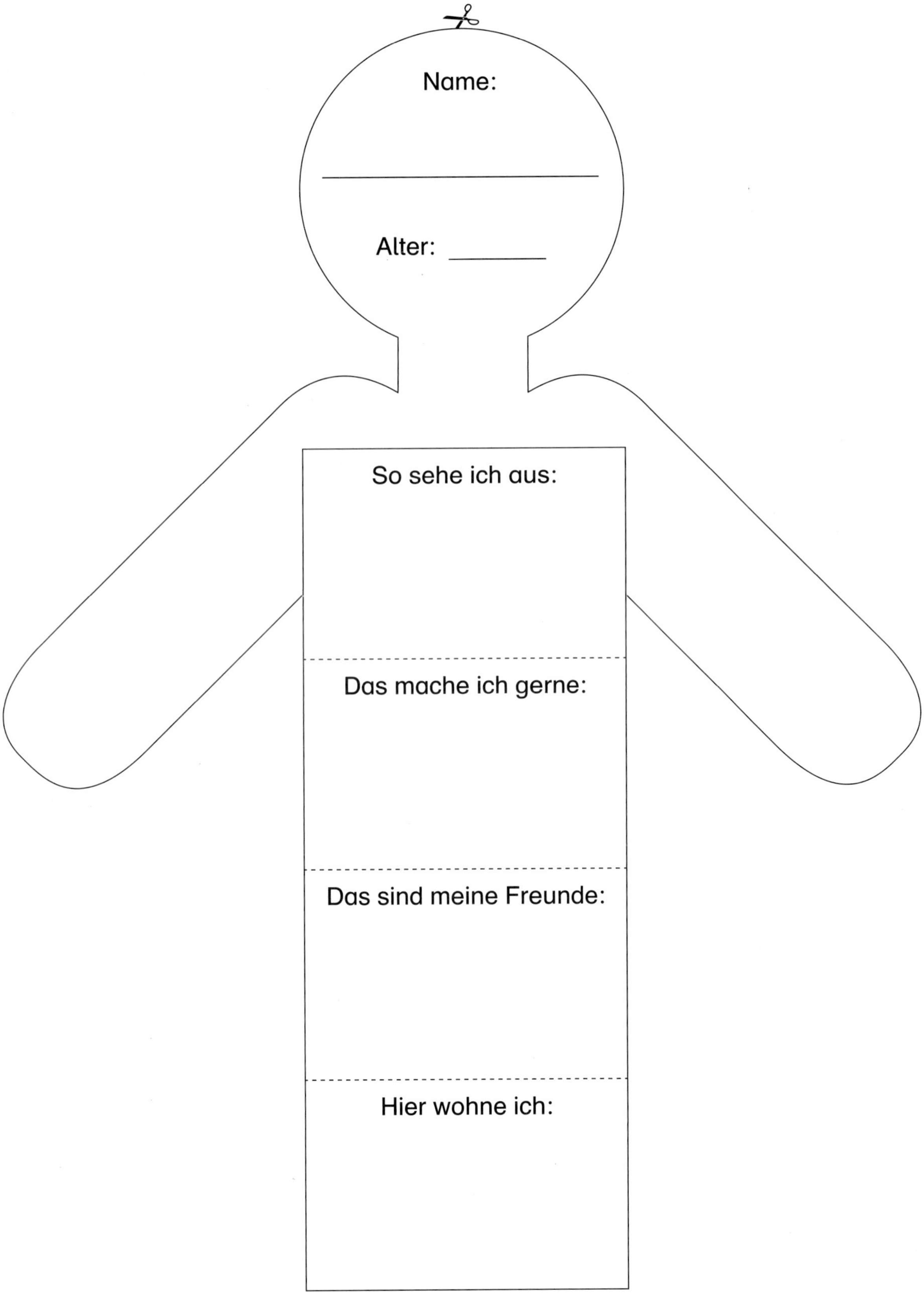

Name: ______________________

Alter: ________

So sehe ich aus:

Das mache ich gerne:

Das sind meine Freunde:

Hier wohne ich:

Welche fünf wichtigen Gegenstände findest du in deinem Lieblingsbuch?

Schreibe die Gegenstände auf die Karten.

Schneide die Karten und die Schatztruhe aus.

Falte die Laschen der Truhe nach hinten und klebe sie auf dein Lapbook. Stecke die Karten von oben in die Truhe.

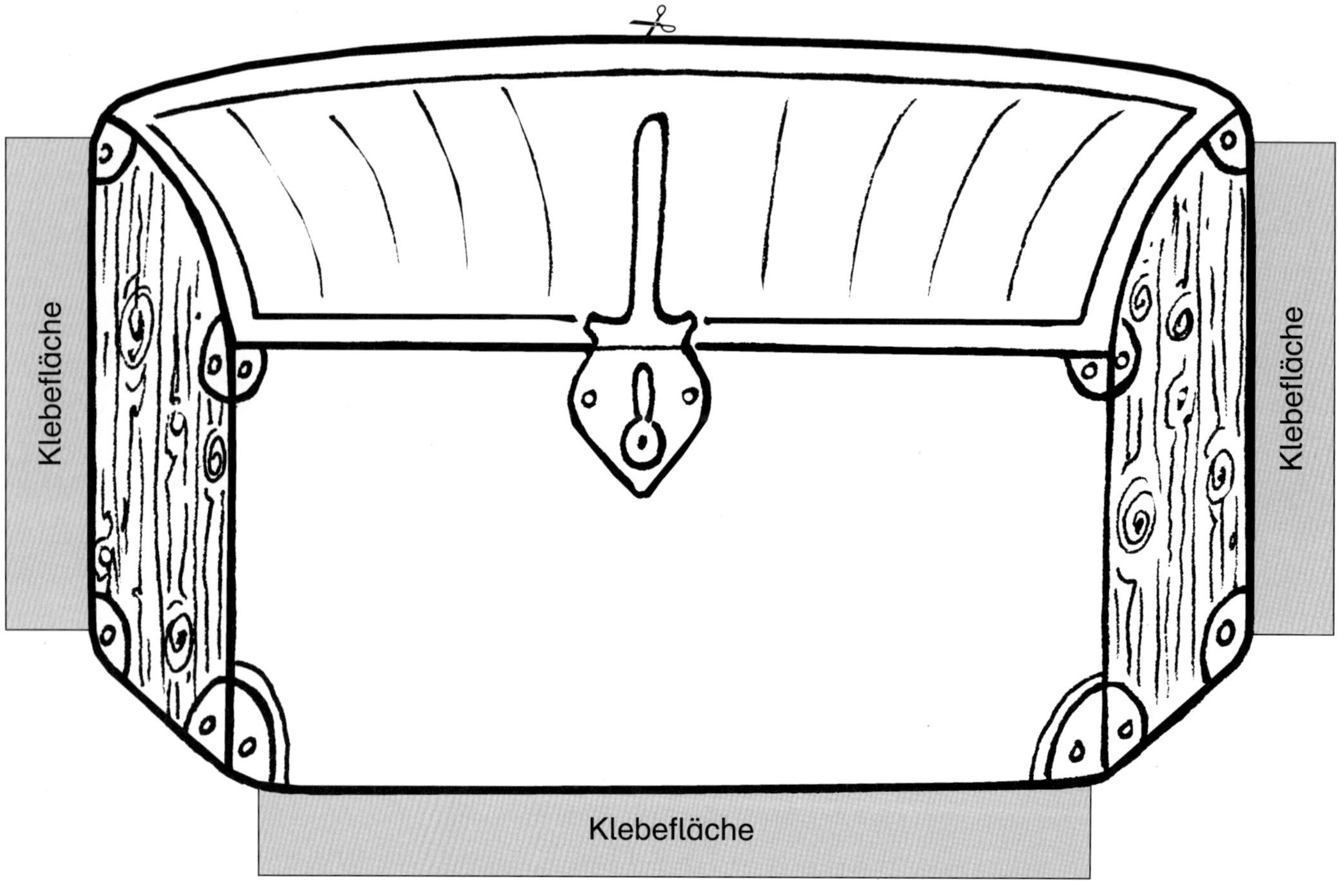

Klebefläche

Klebefläche

Klebefläche

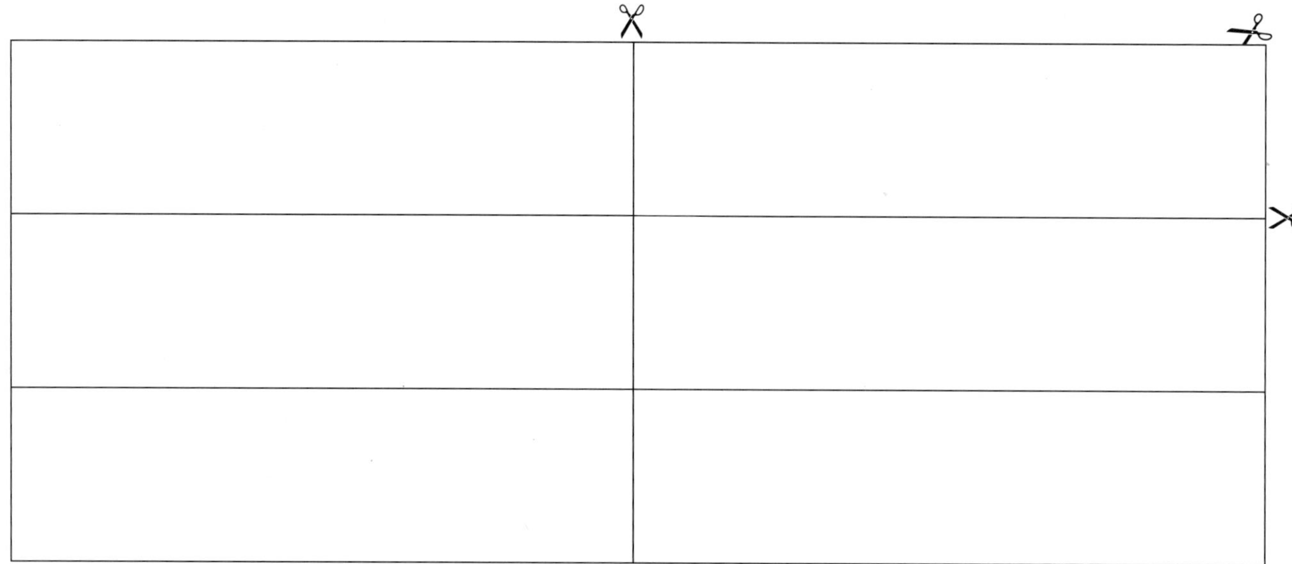

Welche Orte und Plätze gibt es in deinem Lieblingsbuch?

Schreibe sie in die Mitte der Quadrate.

Schneide die Quadrate aus und falte sie.

Klebe die Quadrate auf dein Lapbook.

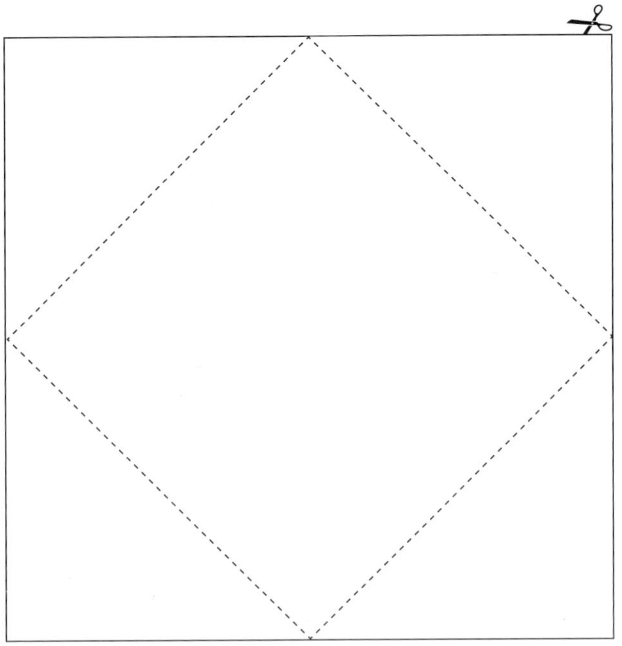

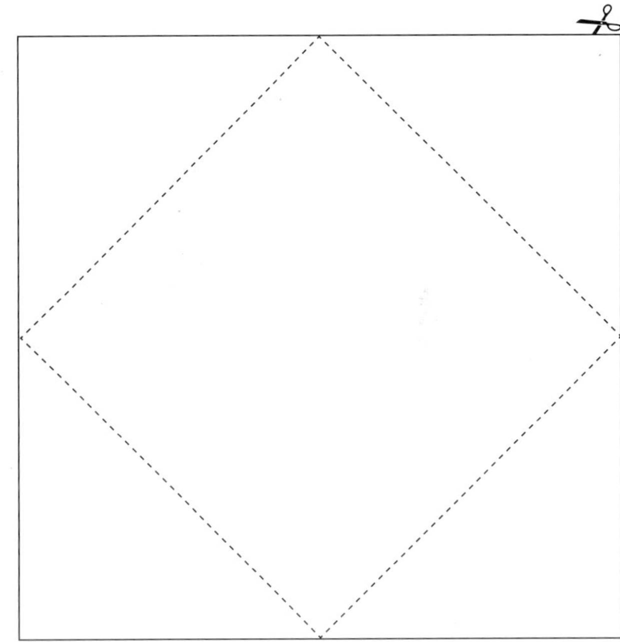

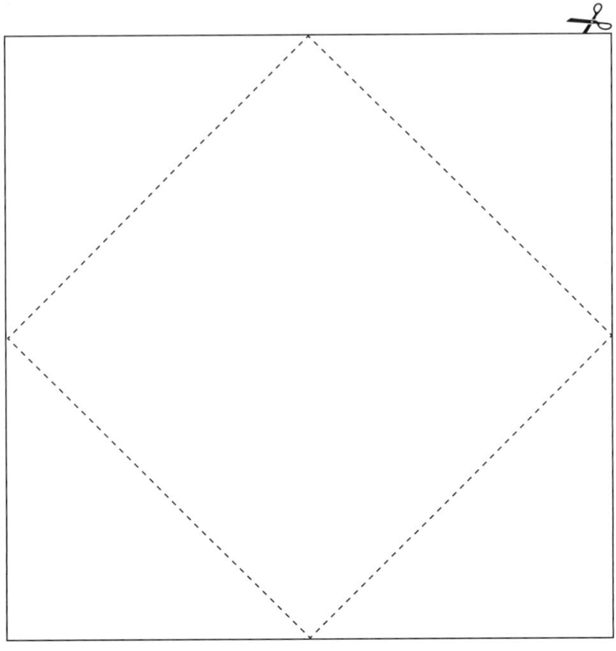

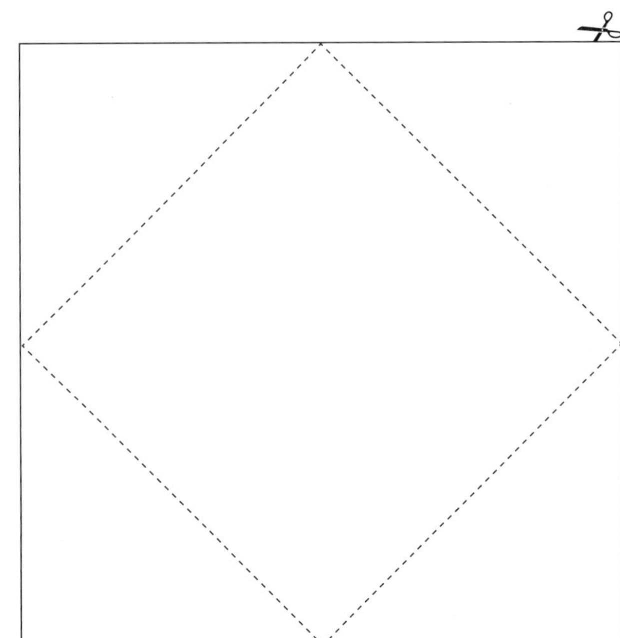

Teile dein Buch in drei Teile.

Gib jedem Teil eine eigene Überschrift und schreibe auf, was passiert.

Schneide die Karten aus.

Hefte die Karten mit kleinen Wäscheklammern an eine Schnur.

Klebe die Schnur mit Tesafilm auf dein Lapbook.

 **Suche in deinem Lieblingsbuch eine Stelle, die dir gut gefällt.**

 **Schreibe die Stelle auf die Linien.**

 **Falte die Form und klebe sie auf dein Lapbook.**

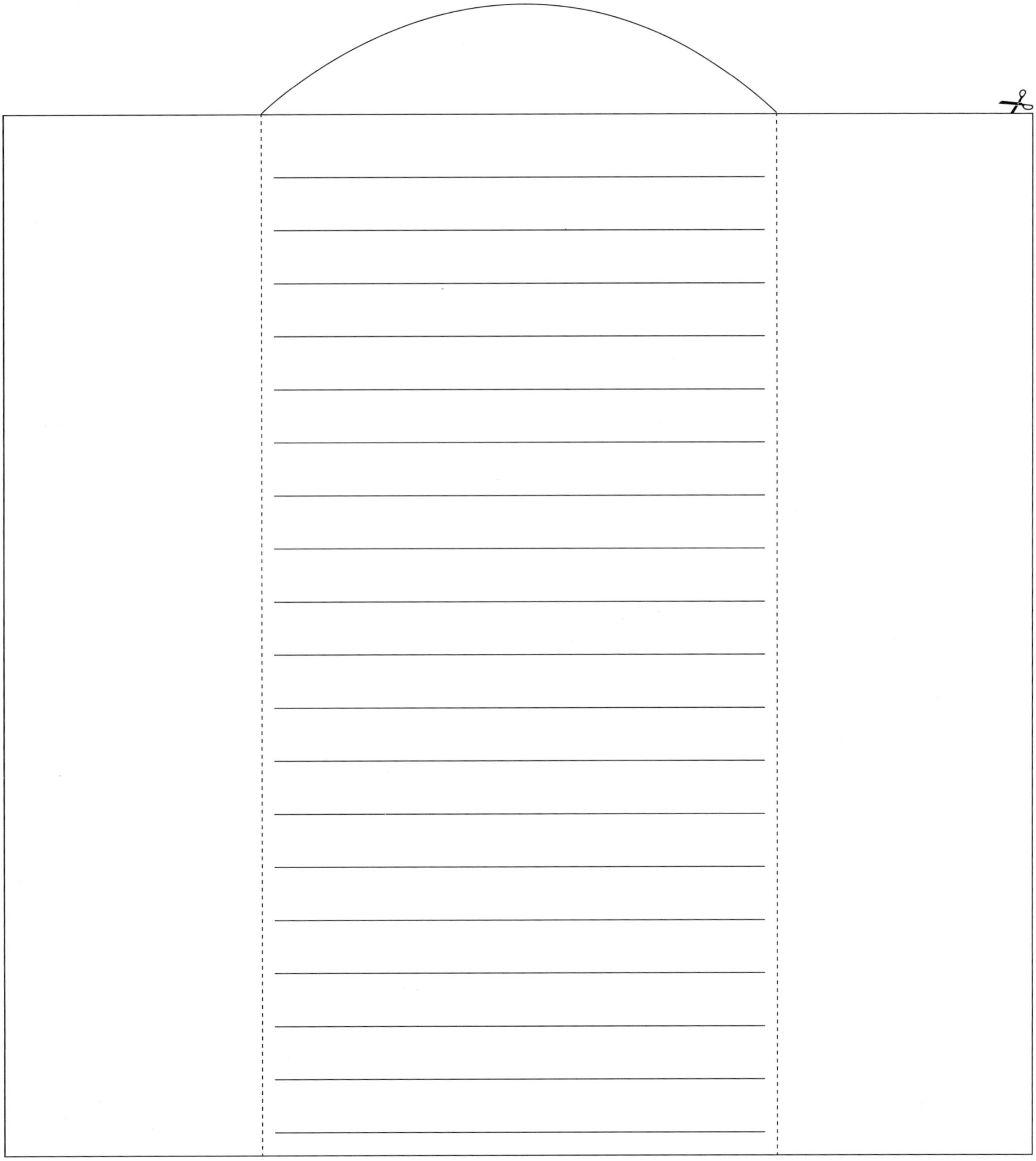

 **Suche in deinem Lieblingsbuch eine Stelle, die dir gut gefällt.**

 **Male die Stelle in die Mitte der Form.**

 **Falte die Form und klebe sie auf dein Lapbook.**

  **Schneide den Briefumschlag aus und falte und klebe ihn.**

 **Klebe den Briefumschlag auf dein Lapbook.**

 **Schreibe einen Brief an den Autor.**

Was gefällt dir an deinem Lieblingsbuch?
Hast du Fragen an den Autor?
Stecke deinen Brief in den Briefumschlag.

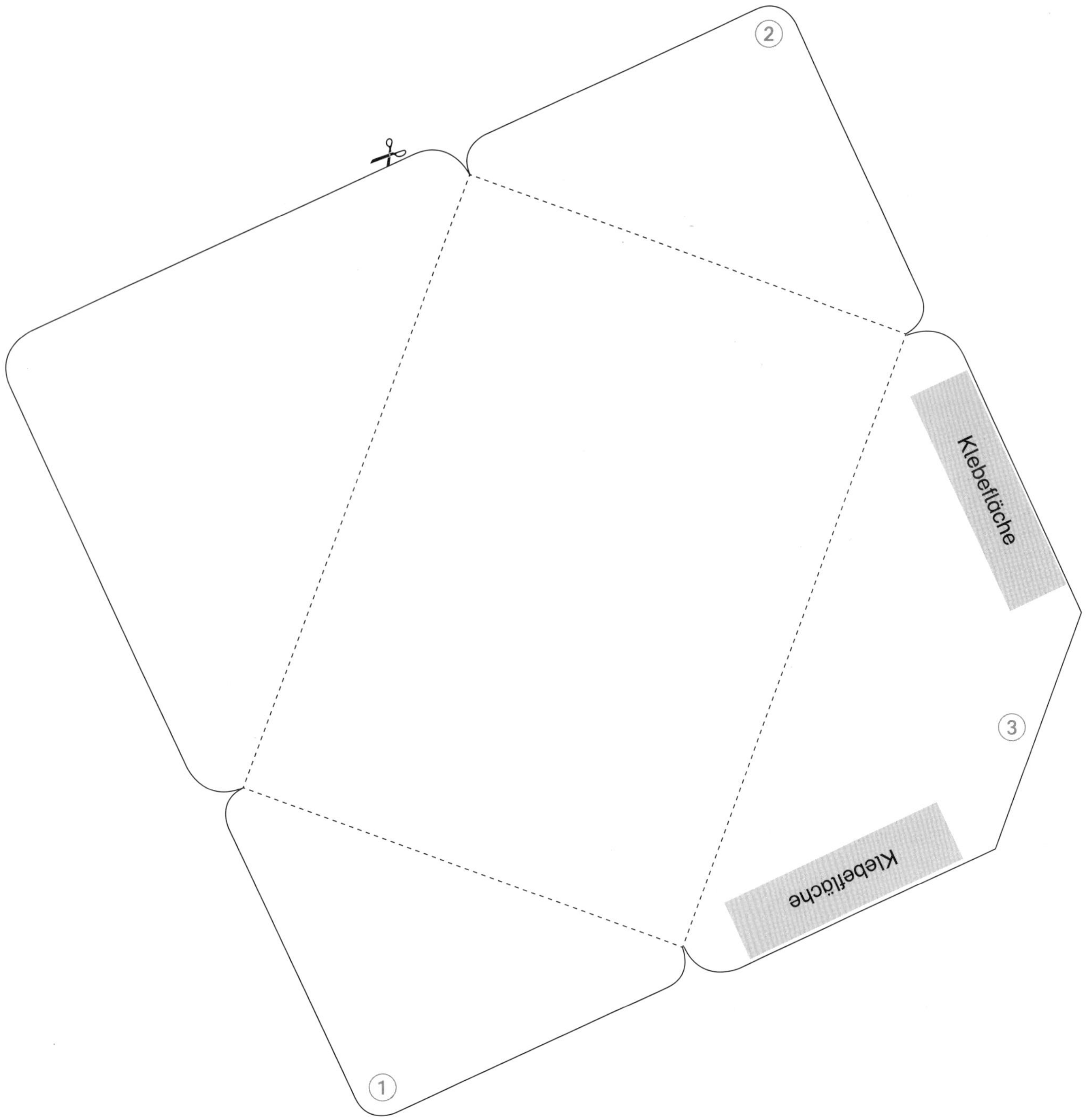

②

Klebefläche

③

Klebefläche

①

Überlege dir drei Fragen zu deinem Buch.

Schneide die Formen aus und falte sie.

Schreibe außen auf die Form: Quizfrage

Falte die Lasche wieder nach außen. Schreibe deine Frage auf die untere Lasche und deine Lösung auf die Innenseite.

Klebe die Quizfragen auf dein Lapbook.

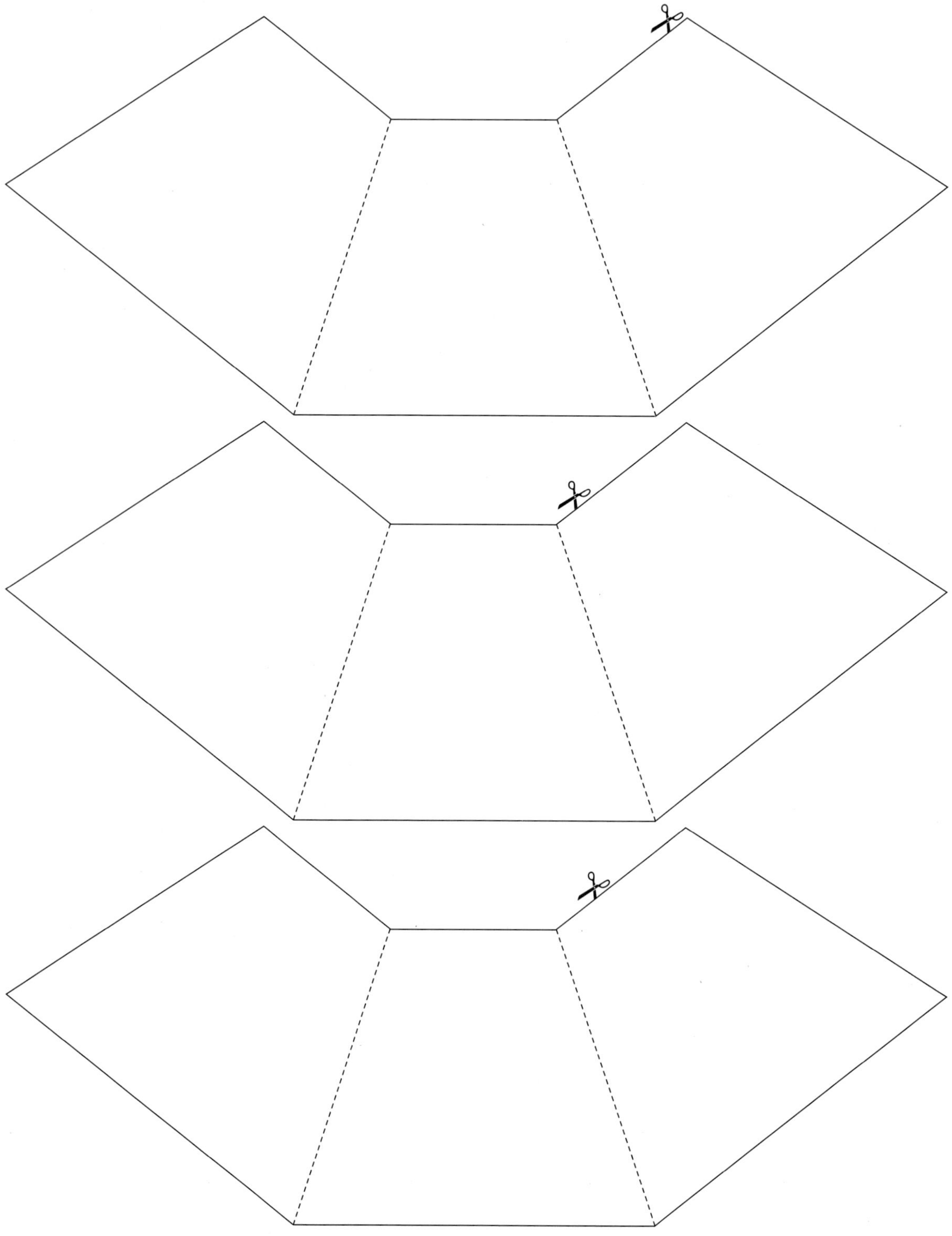

Wähle ein Gespräch aus deinem Lieblingsbuch aus.

Worüber wird gesprochen? Schreibe es in die Sprechblasen.

Schneide die Form aus.

Falte sie und klebe sie auf dein Lapbook.

Denk dir ein eigenes Ende für dein Lieblingsbuch aus.

Schreibe es auf die Seiten in das Faltbuch.

Schneide das Faltbuch aus.

Falte es und klebe es auf dein Lapbook.

Mein eigenes Ende für mein Lieblingsbuch

1

2

8

3

7

4

6

5

 **Male ein eigenes Cover für dein Lieblingsbuch.**

 **Schreibe den Titel und den Autor auf dein Cover.**

Schneide das Cover aus und klebe es auf dein Lapbook.

 **Schneide den Bücherwurm aus.**

 **Beantworte die Fragen.**

 **Falte den Bücherwurm in der Mitte und klebe ihn auf dein Lapbook.**

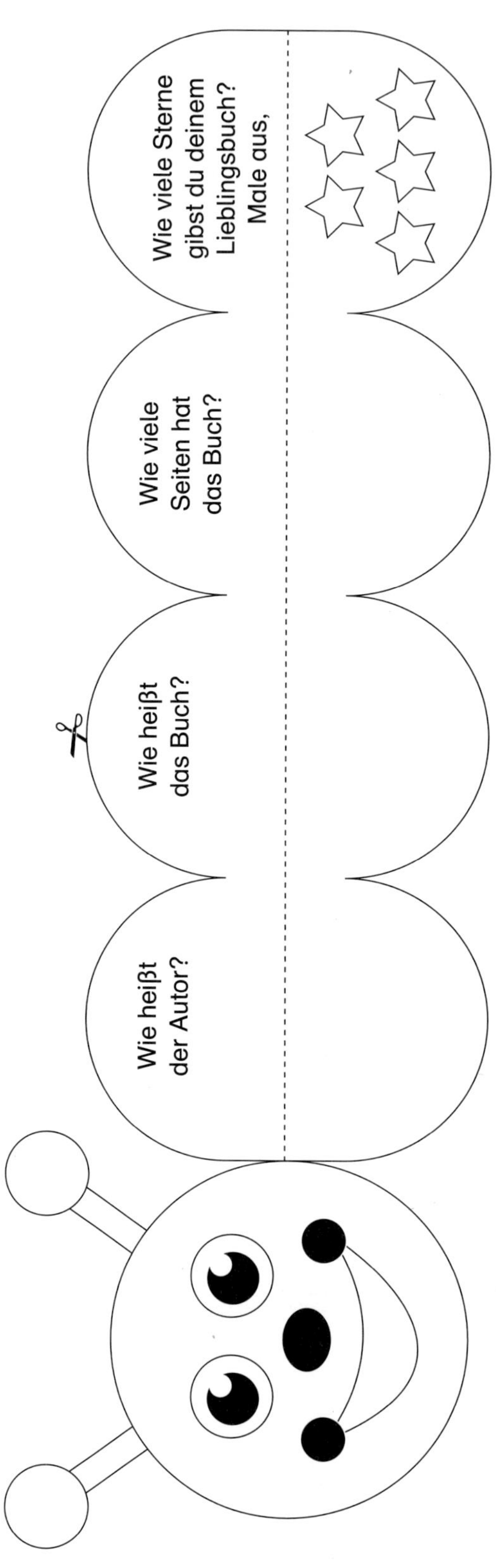

  **Male die Vorlagen für das Deckblatt an und schreibe deinen Namen in das Feld.**

 **Schneide die Vorlagen aus.**

 **Klebe sie auf dein Lapbook.**

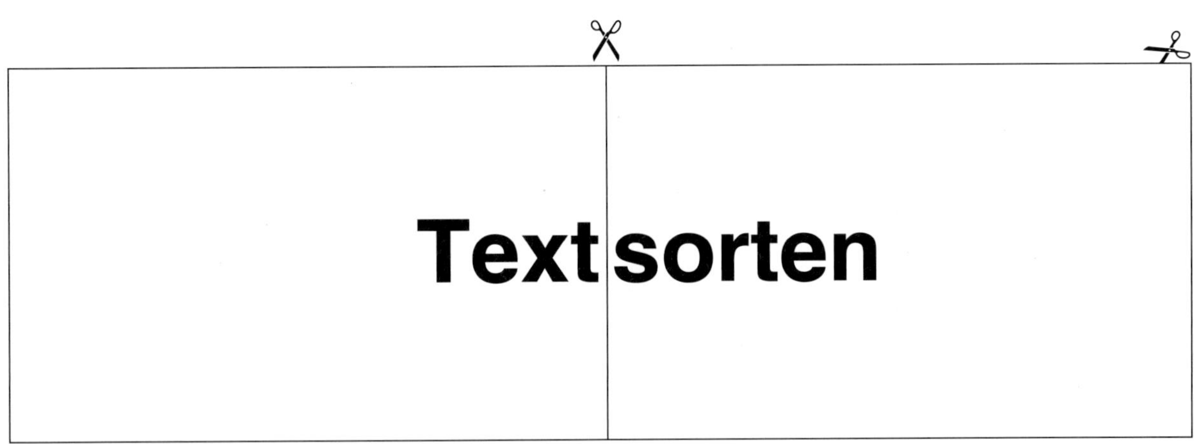

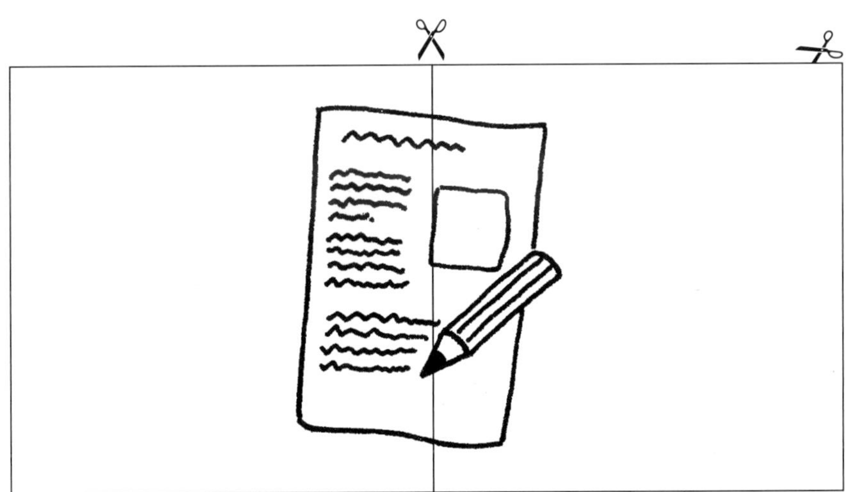

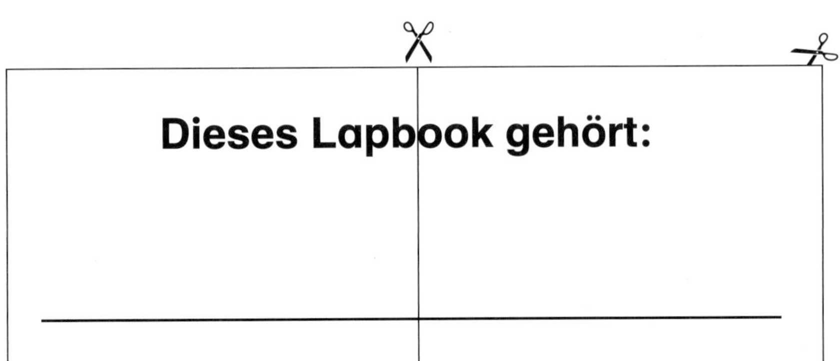

Informiere dich.
Lies die Infokarte oder lass sie dir vorlesen.

Um dir einen Überblick über ein Thema zu verschaffen, kannst du eine Mindmap aufmalen.

In die Mitte schreibst du dein Thema. Drumherum schreibst du alles auf, was dir dazu einfällt.

Das kann so aussehen:

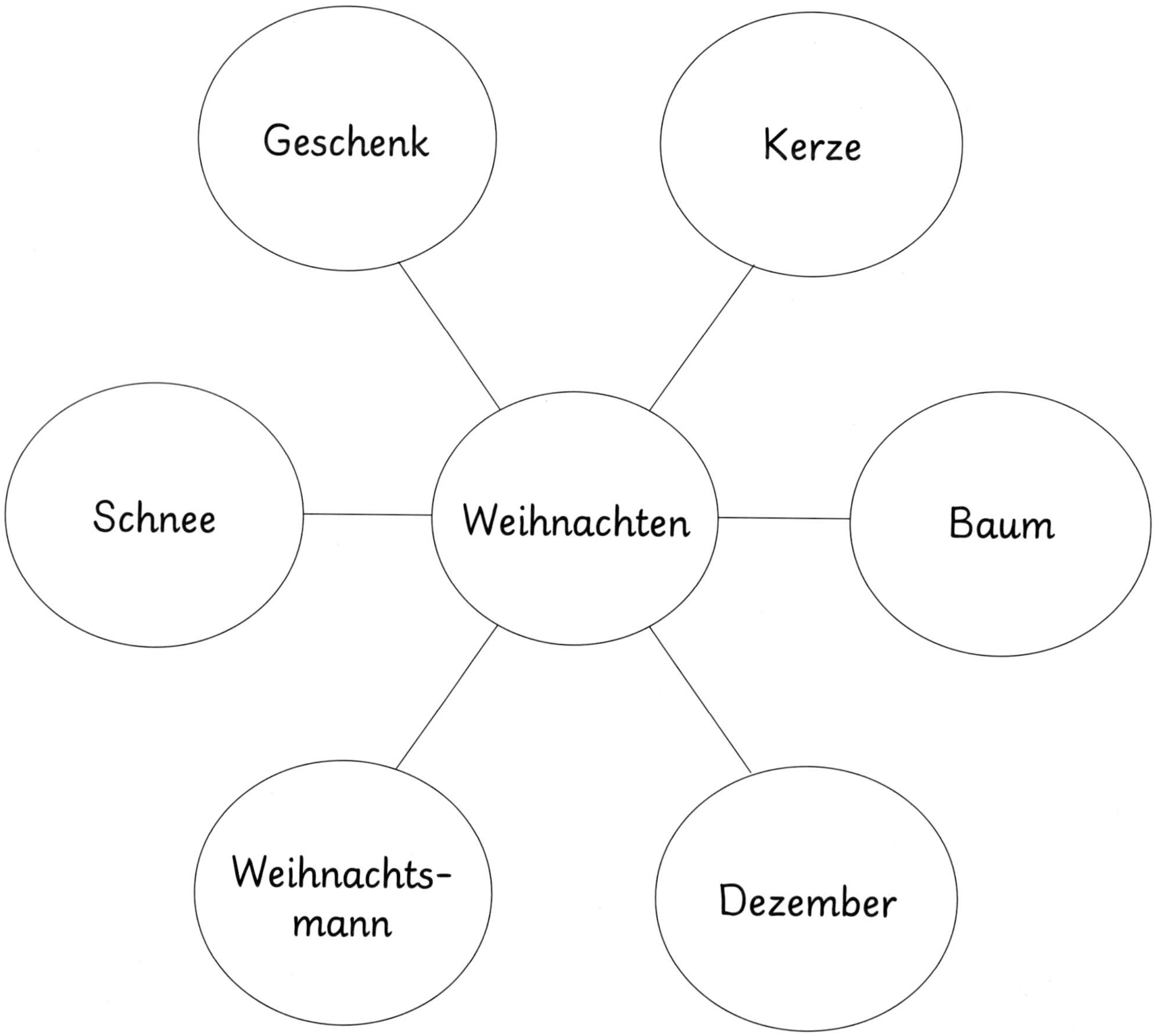

Weihnachten

- Geschenk
- Kerze
- Schnee
- Baum
- Weihnachtsmann
- Dezember

 **Schneide das Buch aus.**

 **Lies dir das Gedicht durch. Überlege dir ein anderes Tier für die Spatzen. Was passiert dann in dem Gedicht?**

 **Schreibe deine Sätze auf die linke Seite.**

 **Falte das Buch und klebe es auf dein Lapbook. Schneide die Überschrift aus und klebe sie dazu.**

Die drei Spatzen

Christian Morgenstern

	In einem leeren Haselstrauch, da sitzen drei Spatzen, Bauch an Bauch.
	Der Erich rechts und links der Franz und mittendrin der freche Hans.
	Sie haben die Augen zu, ganz zu, und obendrüber, da schneit es, hu!
	Sie rücken zusammen dicht an dicht. So warm wie der Hans hat's niemand nicht.
	Sie hör'n alle drei ihrer Herzlein Gepoch. Und wenn sie nicht weg sind, so sitzen sie noch.

  **Schneide den Briefumschlag aus und falte und klebe ihn.**

 **Klebe den Briefumschlag auf dein Lapbook.**

 **Schreibe einen Brief. Du kannst schreiben, an wen du möchtest.**

Stecke deinen Brief in den Briefumschlag.

  **Schneide die Überschrift aus und klebe sie dazu.**

Brief

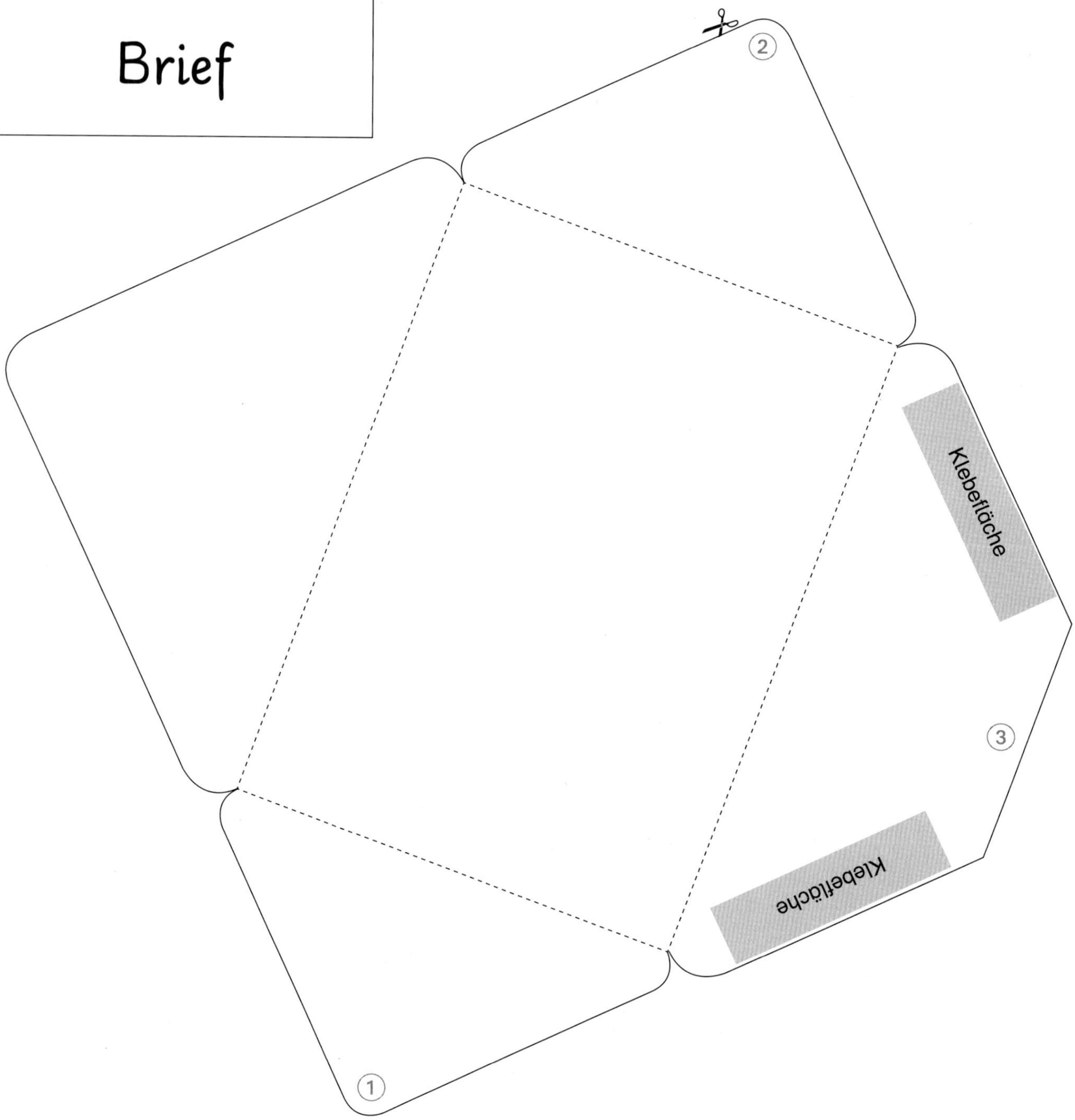

② Klebefläche ③ Klebefläche ①

Schreibe passende Sätze zu den Bildern.

Schneide das Leporello aus, falte es und klebe es auf dein Lapbook.
Schneide die Überschrift aus und klebe sie dazu.

Bildergeschichte

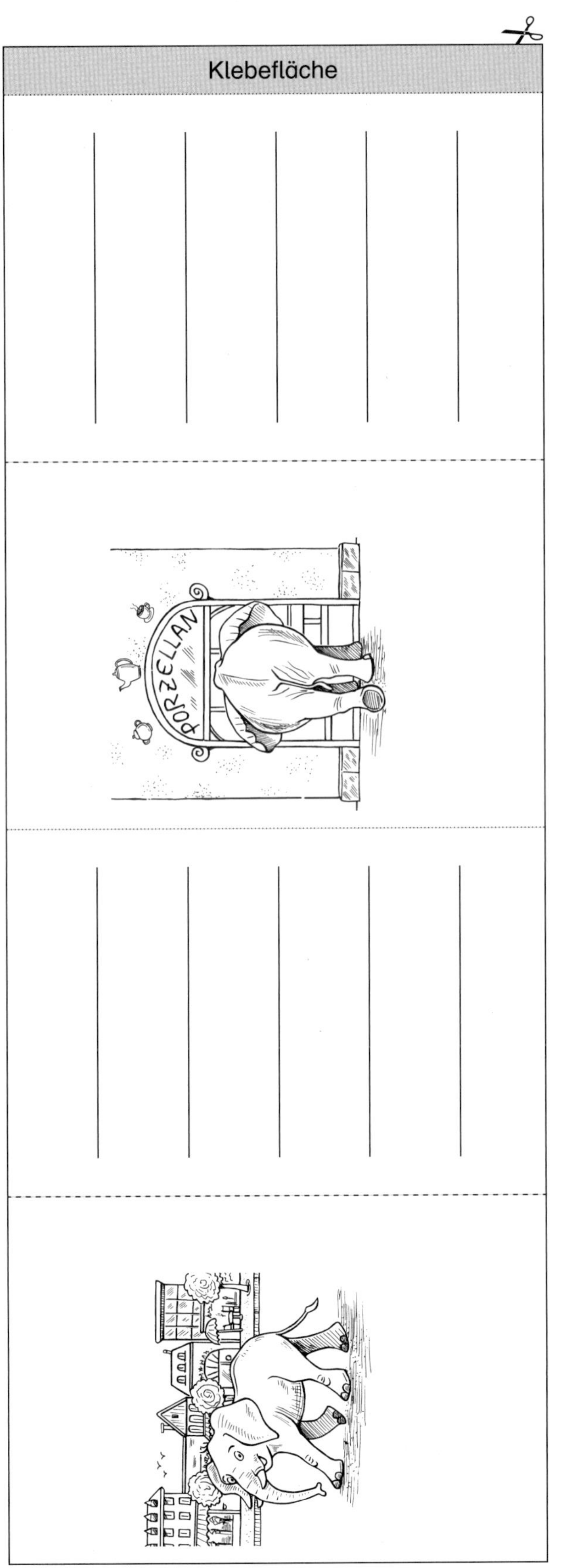

Fülle den Steckbrief für deine Lieblingsfigur aus einem Buch aus.

Schneide ihn aus und rolle ihn zusammen.

Schneide die Lasche mit der Überschrift aus und klebe sie auf dein Lapbook. Schiebe deinen Steckbrief darunter.

Name: ______________________

Alter: ______________________

Wohnort: ______________________

Familie/Freunde: ______________________

____

____

Male ein Bild

Aussehen: ______________________

____

____

Besondere Merkmale: ______________________

____

Sie kann gut/Sie kann nicht gut: ______________________

____

____

Mir gefällt an dieser Figur besonders: ______________________

____

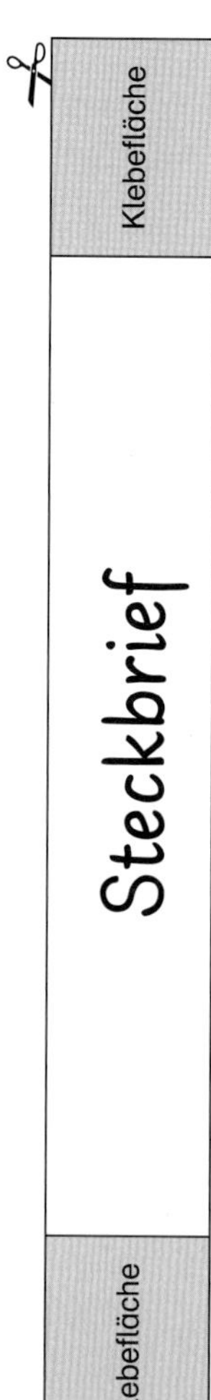

Schneide die Bilder aus und klebe sie in eine Reihenfolge zu einem Streifen zusammen.

**Schneide den Fernsehbildschirm aus und klebe ihn oben und unten zusammen.
Klebe den Bildschirm dann mit der Rückseite auf dein Lapbook.**

**Schiebe nun den Filmstreifen durch den Bildschirm.
Erzähle dabei die Fabel.**

Schneide die Überschrift aus und klebe sie dazu.

Fabel

Fernsehbildschirm

Die
Schildkröte
und
der Hase

Klebefläche

Schneide das Handy und die Zettel aus.

Schreibe eine Nachricht an deinen Tischnachbarn. Er antwortet dann auf einem neuen Zettel.

Klebe die Nachrichten in der richtigen Reihenfolge auf das Handy und klebe alles auf dein Lapbook.

Schneide die Überschrift aus und klebe sie dazu.

Klebefläche

Klebefläche

Klebefläche

Klebefläche

Handynachricht

Schneide das Buch aus und falte es.

Schreibe einen Tagebucheintrag auf die Seiten.
Schreibe in der Ich-Form und notiere das Datum.

Klebe das Buch auf dein Lapbook.

Schneide die Überschrift aus und klebe sie dazu.

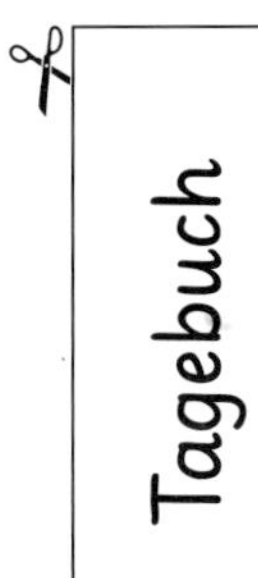

2	Mein Tagebuch 1
3	8
4	7
5	6

Was wünschst du dir zum Geburtstag oder zu Weihnachten?

Schreibe deine Wünsche auf die Streifen.

Schneide die Streifen aus und hefte sie auf dein Lapbook.

Schneide die Überschrift aus und klebe sie dazu.

Wunschliste

Schneide die Karten aus. Falte sie und bringe sie in die richtige Reihenfolge.

Beschreibe, was du auf den Bildern siehst. Schreibe es auf die Innenseite.

Klebe die Karten in der richtigen Reihenfolge auf dein Lapbook.

Schneide die Überschrift aus und klebe sie dazu.

Rezept

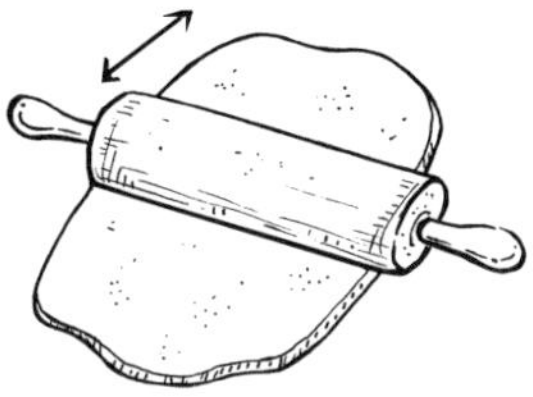

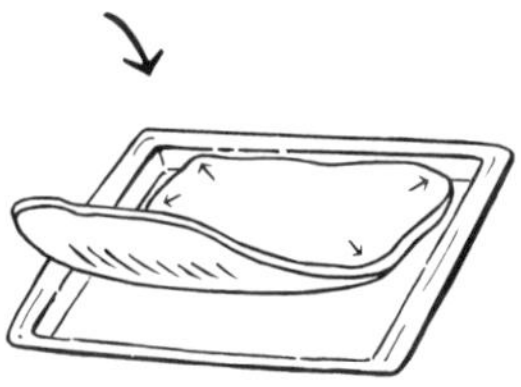

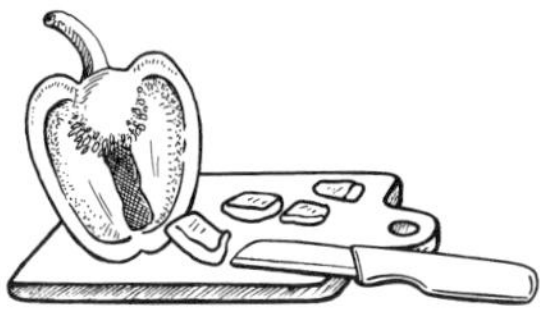

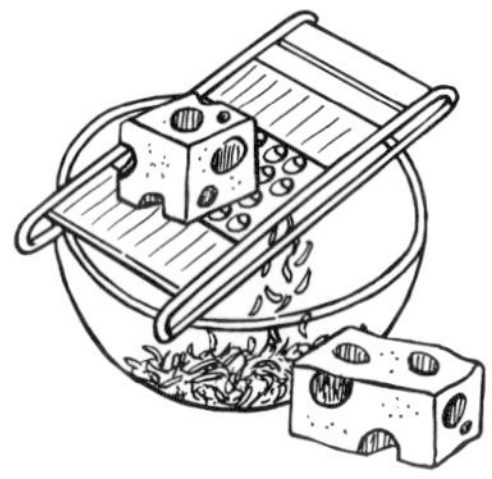

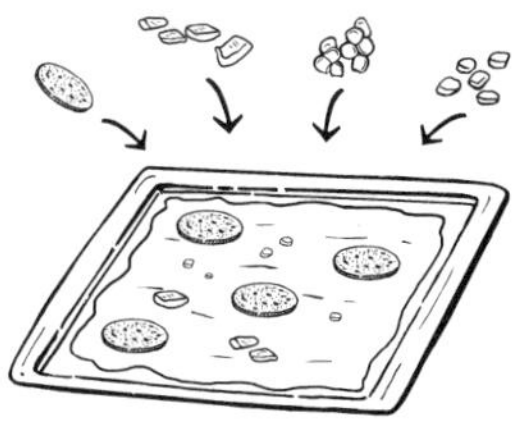

Schneide die Formen aus.

Beschreibe die Figuren. Wie sehen sie aus?

Falte die Formen und klebe sie auf dein Lapbook. Räuber Hotzenplotz und Pippi Langstrumpf bestreichst du nicht mit Klebe.

Schneide die Überschrift aus und klebe sie dazu.

Personenbeschreibung

Schneide die Karte und das Buch aus.

Wie kommt Julia zur Schule? Beschreibe den Weg und schreibe ihn auf die Linien im Buch.

Falte die Karte zusammen und klebe sie auf die rechte Seite in das Buch.

Klebe das Buch auf dein Lapbook. Schneide die Überschrift aus und klebe sie dazu.

Wegbeschreibung

Suche dir ein Thema aus. Zum Beispiel den Sommer oder den Frühling.

Schneide die Formen aus und klebe sie auf dein Lapbook.

Schreibe Wörter zu deinem Thema in die Formen und verbinde sie.

Du kannst die Infokarte als Hilfe benutzen.

Schneide die Überschrift aus und klebe sie dazu.

Mindmap

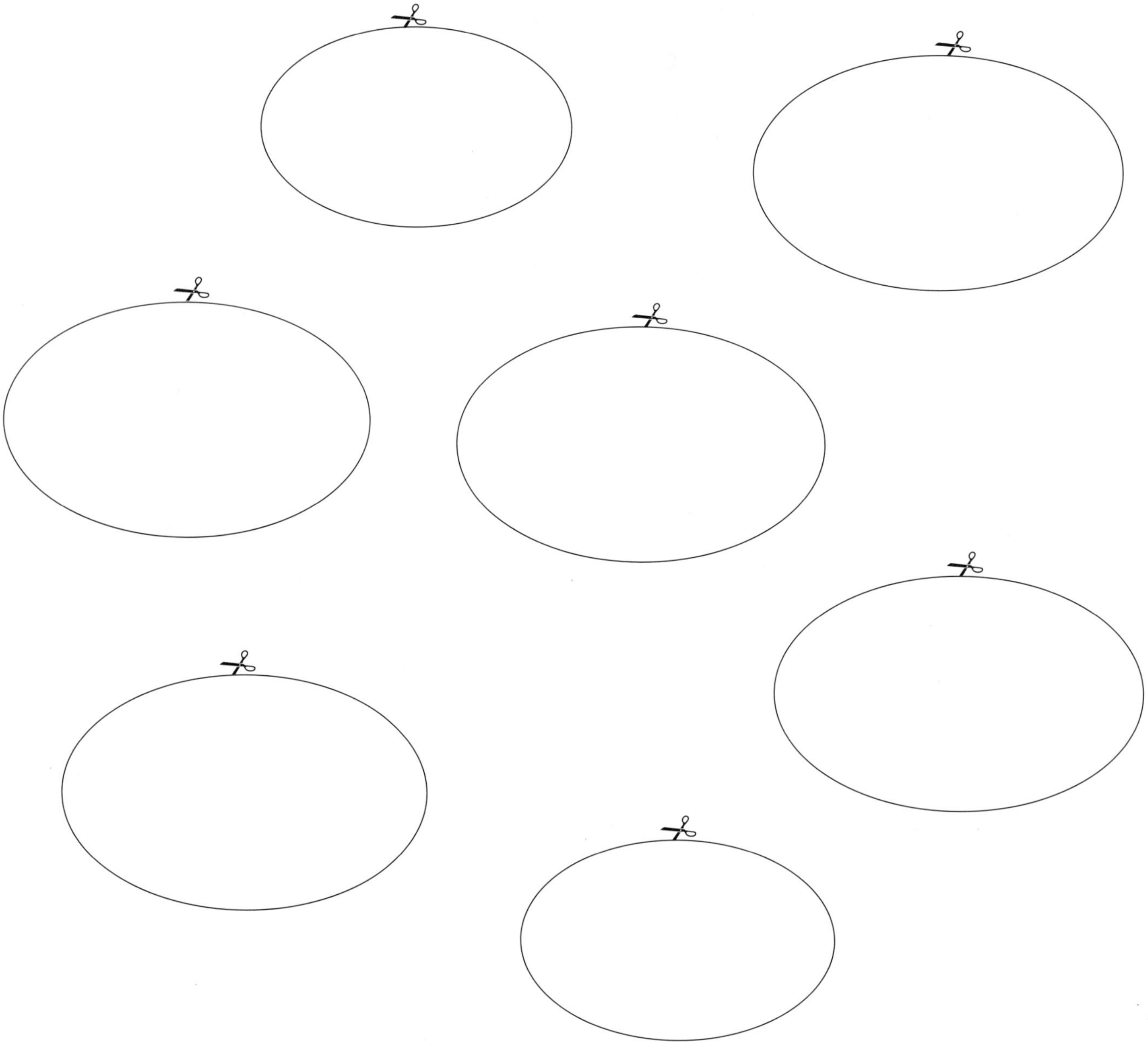

 **Male die Torte an.**

 **Falte und schneide an den markierten Linien.**

 **Klebe die Einladung auf eine geklappte Tonpapierkarte. Du musst alles ordentlich mit Klebe bestreichen. Nur die Torte bleibt frei.**

 **Schreibe deinen Einladungstext um die Torte herum.**

 **Klebe die Einladung mit der Rückseite auf dein Lapbook.**

  **Schneide die Überschrift aus und klebe sie dazu.**

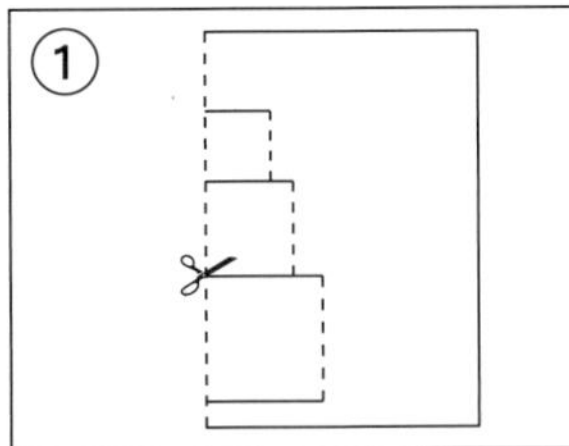

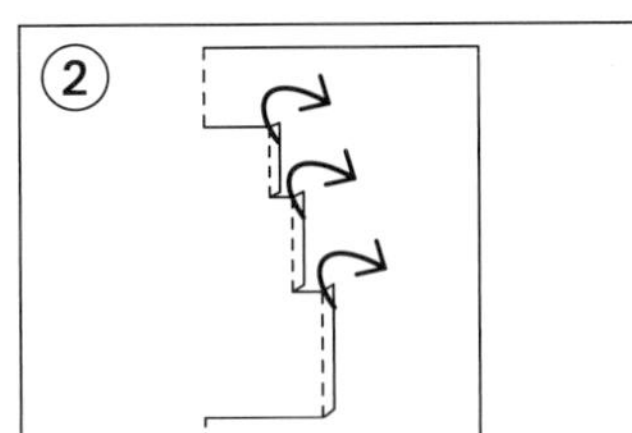

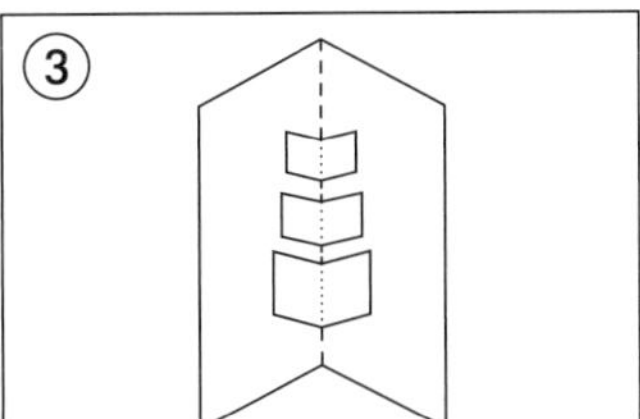

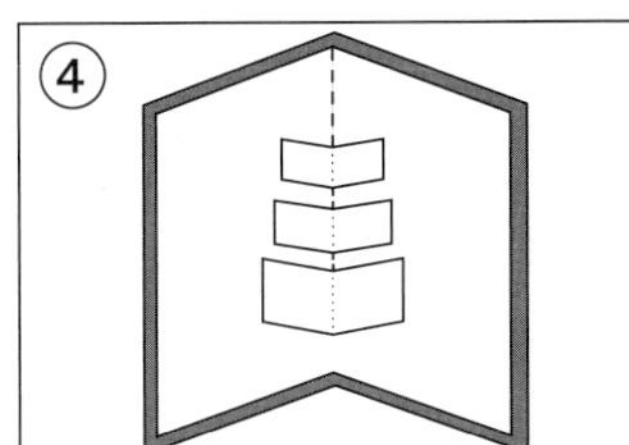

Geburtstagseinladung

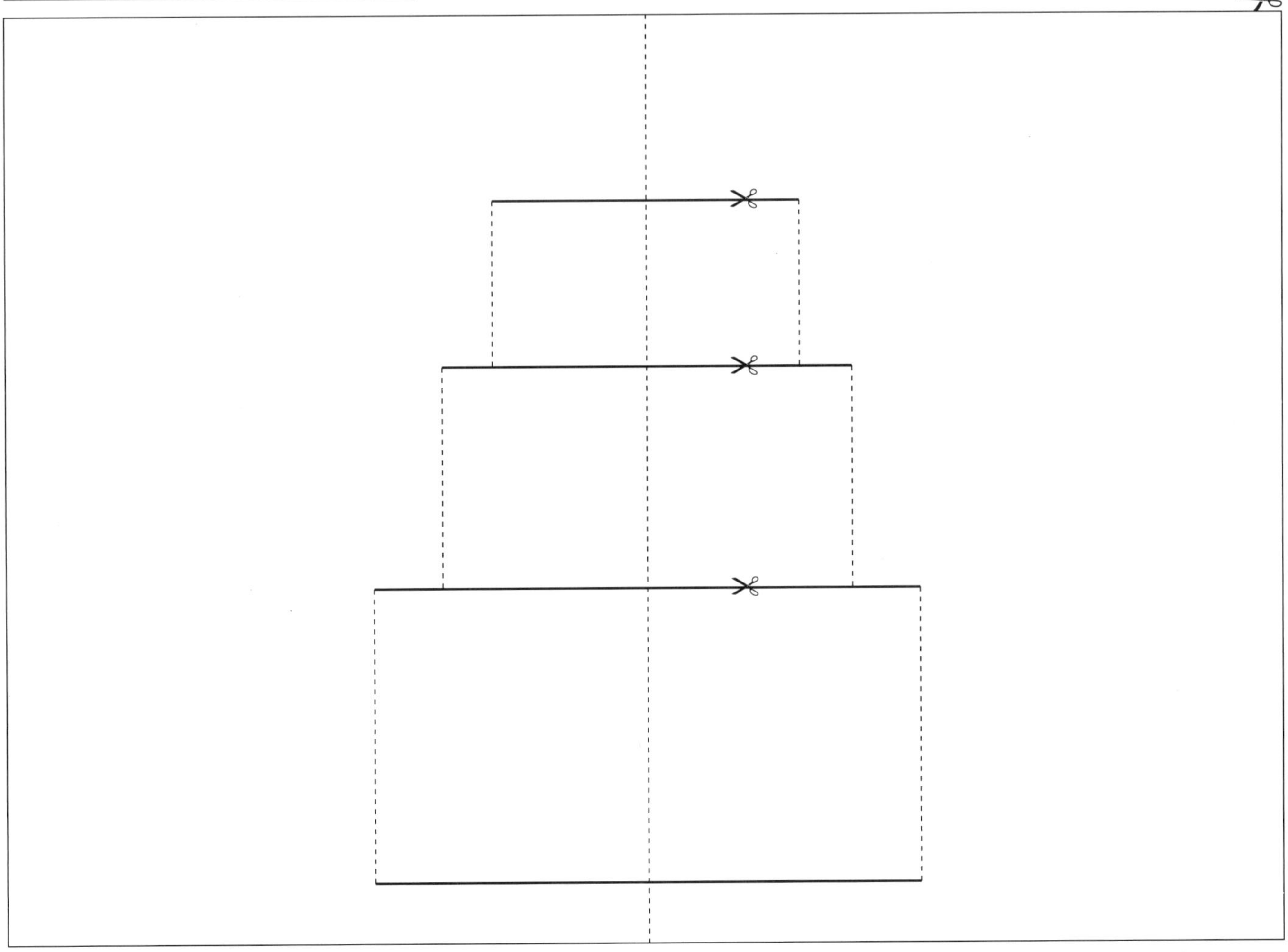

 **Schneide die Karte und das Buch aus.**

 **Schreibe einen Unfallbericht. Was ist passiert?**

 **Falte die Karte zusammen und klebe sie auf die rechte Seite in das Buch.**

  **Klebe das Buch auf dein Lapbook. Schneide die Überschrift aus und klebe sie dazu.**

 **Schneide den Textwurm aus.**

 **Welche Textsorten kennst du schon? Schreibe sie in die Felder.**

 **Falte den Textwurm in der Mitte und klebe ihn auf dein Lapbook.**

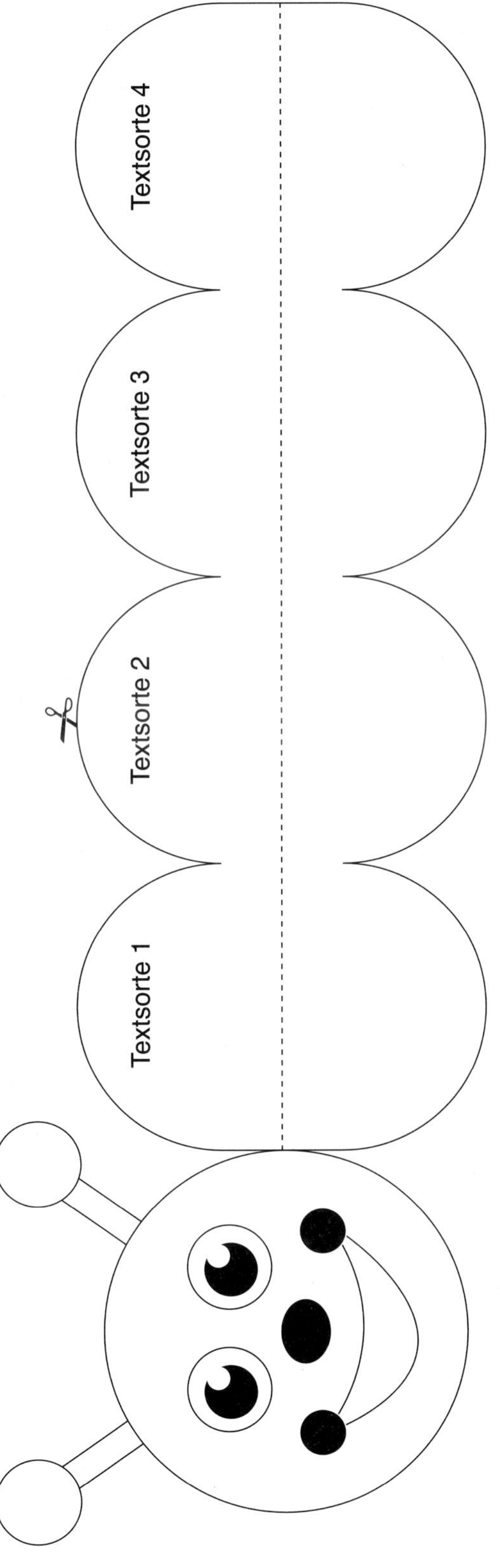

  **Male die Vorlagen für das Deckblatt an und schreibe deinen Namen in das Feld.**

 **Schneide die Vorlagen aus.**

 **Klebe sie auf dein Lapbook.**

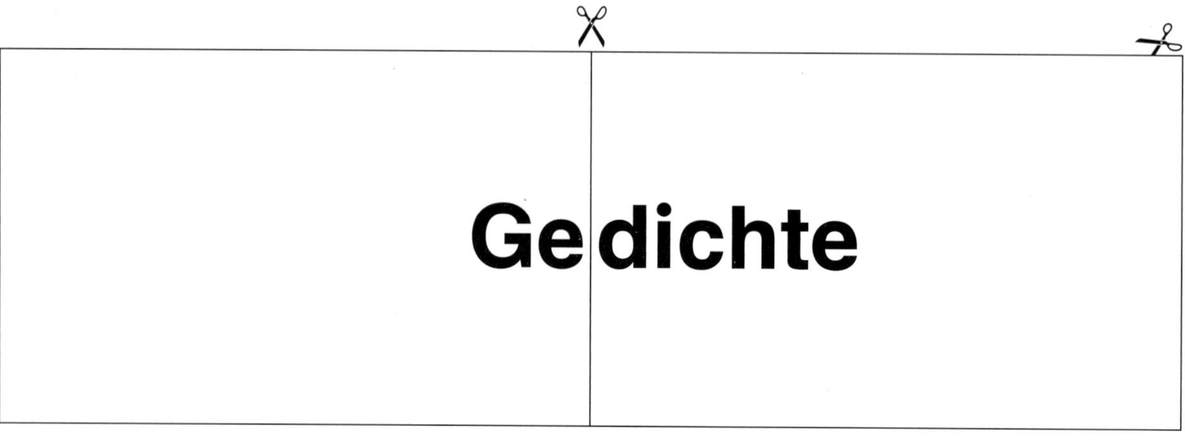

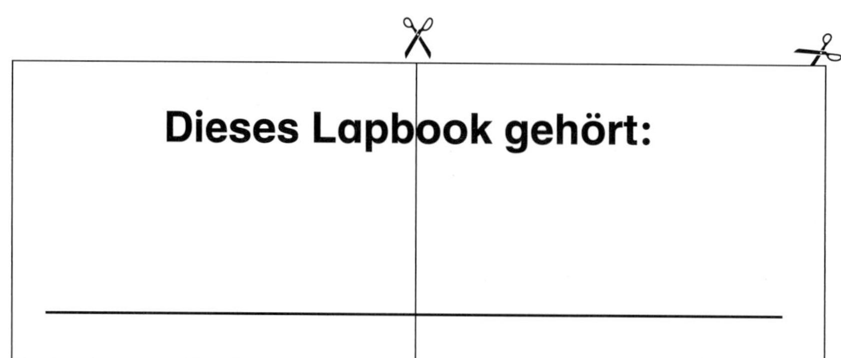

Informiere dich.
Lies die Infokarte oder lass sie dir vorlesen.

Es gibt Gedichte, die sich nicht reimen, und es gibt Gedichte, die sich reimen.

Die häufigsten Reimformen sind:

- Kreuzreim: a b a b
- Paarreim: a a b b
- umarmender Reim: a b b a

Ein Gedicht mit Kreuzreim:

Wenn die Sonne untergeht,
werden die Sterne wach.
Der Wind über die Dächer fegt,
in einer klaren Nacht.

Ein Gedicht mit Paarreim:

Die kleine Maus
sitzt in dem Haus.
Mit einem Stück
ist sie voll Glück.

Ein Gedicht mit einem umarmenden Reim:

Weiße Weihnacht hat jeder gern.
Ich selbst liebe sie sehr.
Immer wenn ich heimkehr,
ist Traurigkeit mir fern.

Informiere dich.
Lies die Infokarte oder lass sie dir vorlesen.

Ein Elfchen ist ein kurzes Gedicht. Um ein Elfchen zu schreiben, brauchst du diesen Bauplan:

Zeile 1: 1 Wort
Zeile 2: 2 Wörter
Zeile 3: 3 Wörter
Zeile 4: 4 Wörter
Zeile 5: 1 Wort

Sonne
so warm
deine Strahlen kitzeln
ich schaue nach oben
wunderbar

Ein Haiku ist ein kurzes Gedicht. Um ein Haiku zu schreiben, brauchst du diesen Bauplan:

Zeile 1: 5 Silben
Zeile 2: 7 Silben
Zeile 3: 5 Silben

Stille auf dem Feld
dunkle Wolken ziehen auf
Ruhe vor dem Sturm

Informiere dich.
Lies die Infokarte oder lass sie dir vorlesen.

Ein Rondell ist ein kurzes Gedicht. Um ein Rondell zu schreiben, brauchst du diesen Bauplan:

Zeile 1: Satz 1
Zeile 2: Satz 2
Zeile 3: beliebiger Satz
Zeile 4: Satz 1
Zeile 5: beliebiger Satz
Zeile 6: beliebiger Satz
Zeile 7: Satz 1
Zeile 8: Satz 2

Es ist kalt und winterlich,
weshalb Menschen Schnupfen haben.
Nässe, Schnee und Eis decken alles zu.
Es ist kalt und winterlich.
Leer sind Straßen, Felder, Orte.
In den Häusern wohnt noch Leben.
Es ist kalt und winterlich,
weshalb Menschen Schnupfen haben.

Ein Akrostichon ist ein kurzes Gedicht. Um ein Akrostichon zu schreiben, brauchst du diesen Bauplan:

Du schreibst die Buchstaben von einem Wort **senkrecht untereinander**.
Das senkrechte Wort ist das Thema von deinem Gedicht.
Die Anfangsbuchstaben bilden den Anfang von einem neuen Wort oder einem neuen Satz.
Diese Wörter oder Sätze müssen zum senkrechten Wort passen.

Sie wärmt uns.
Ohne sie können wir nicht leben.
Nie hört sie auf zu scheinen.
Nach und nach schmilzt der **S**chnee.
Es ist Frühling.

Informiere dich.
Lies die Infokarte oder lass sie dir vorlesen.

Gedicht von Bertolt Brecht:

Der Rauch

Das kleine Haus unter Bäumen am See.
Vom Dach steigt Rauch.
Fehlte er
Wie trostlos dann wären
Haus, Bäume und See.

Gedicht von Josef Guggenmos:

Kalter Tag

Schnee stiebt weiß von den Dächern.
Grau kriecht aus Kaminen der Rauch.
Wo sind meine Schwalben? Woanders.
In Gedanken bin ich es auch.

 **Lies dir das Gedicht durch.**

 **Schneide die Form aus.**

 **Male die Form passend zum Gedicht an.**

 **Falte die Form und klebe sie auf dein Lapbook.**

Wolfgang Mennel

Das farbigste Gedicht der Woche

Aschfahl, blond und blau,
fliederfarben, dunkelgrau,
rosa, rostrot und karmin,
dottergelb und aubergine.

Wiesengrün und kobaltblau,
pink, türkis und mäusegrau!
Ocker, rabenschwarz, zinnober,
veilchenblau und zimt und silber?

Umbra, indigo, azur,
indischrot, ja wie denn nur?
Giftgrün, blau, purpur!

Zitronengelb und grün wie Klee.
Kirschrot und weiß wie Schnee,
– und natürlich schwarz.

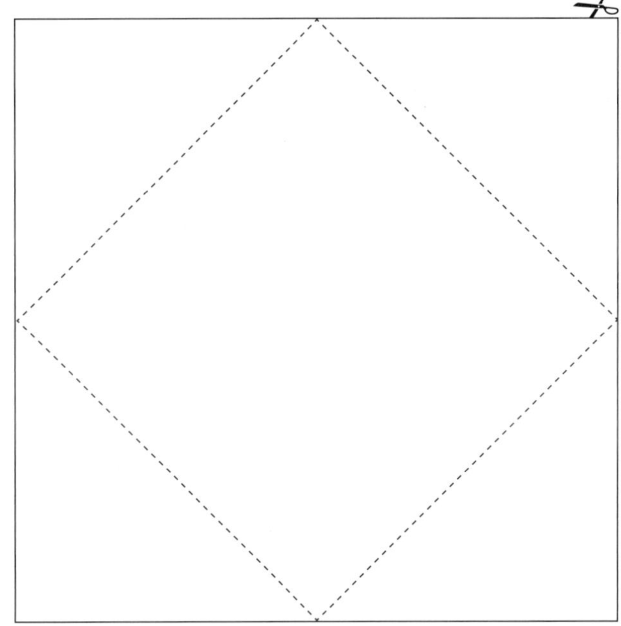

Die Strophen von dem Gedicht sind durcheinandergeraten.

Schneide die Pfeile aus und lege sie in die richtige Reihenfolge.

Hefte die Strophen auf dein Lapbook.

Sie nahm das Kätzchen auf den Schoß,
es hat sich nicht gewehrt.

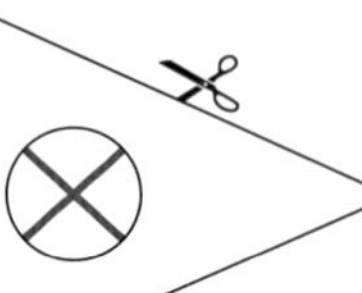

Die Maus, die konnt es glauben kaum
und freute sich im Schlaf.

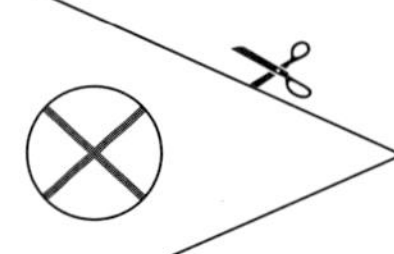

Doch war die Katz in ihrem Traum
ein Kätzlein, klein und brav.

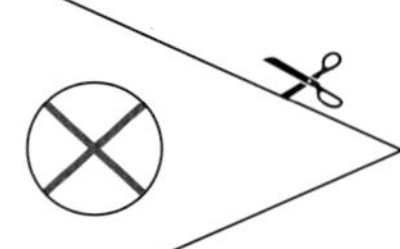

Margaret Klare
Katz und Maus

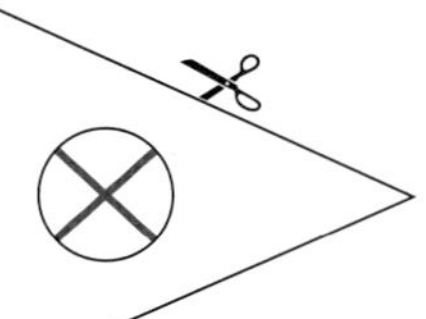

Die Maus erwacht: Der Schreck ist groß
und alles ist umgekehrt.

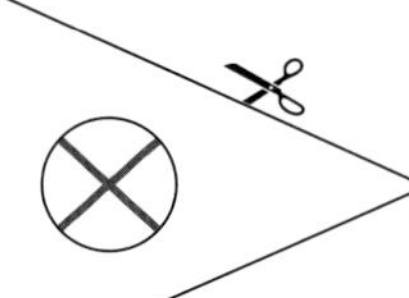

Es träumte eine kleine Maus
einmal am hellen Tag,

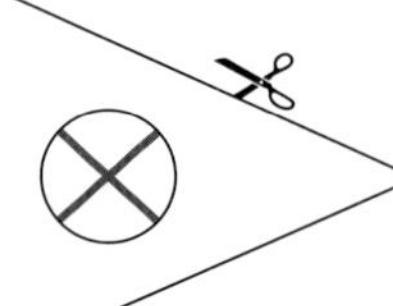

dass neben ihr im Mäusehaus
die böse Katze lag.

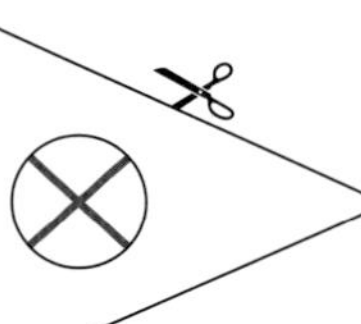

Hier sind zwei Gedichte durcheinandergeraten.
Lies und sortiere sie. Du kannst die Infokarte als Hilfe benutzen.

Schneide die Streifen und die Taschen aus.

Falte die Taschen und klebe sie auf dein Lapbook.

Sortiere die Streifen in die richtige Tasche.

Haus, Bäume und See.
Fehlte er
Vom Dach steigt Rauch.
In Gedanken bin ich es auch.
Wie trostlos dann wären
Grau kriecht aus Kaminen der Rauch.
Kalter Tag (Josef Guggenmos)
Der Rauch (Bertolt Brecht)
Das kleine Haus unter Bäumen am See.
Wo sind meine Schwalben? Woanders.
Schnee stiebt weiß von den Dächern.

 **Suche dir ein Gedicht, das dir gefällt.**

 **Schreibe die Strophen auf die linke Seite in die Karten.**

 **Male auf die rechte Seite Bilder dazu.**

 **Schneide die Karten aus.**

Hefte die Karten mit kleinen Wäscheklammern an eine Schnur und klebe sie mit Tesafilm auf dein Lapbook.

Suche ein Gedicht, das dich nachdenklich macht oder dir gut gefällt.

Schreibe deine Gedanken und Fragen in die Gedankenblasen.

Schneide sie aus und klebe sie auf dein Lapbook.
Schreibe den Dichter daneben.

Suche Gedichte, die sich reimen. Du kannst die Infokarte als Hilfe benutzen.

Schreibe die Reimwörter aus den Gedichten in die Formen.

Fallen dir selbst noch Reimwörter ein?

Schneide die Formen aus.

Klebe sie auf dein Lapbook.

Reimwörter

Reimwörter

Reimwörter

Reimwörter

Schneide die Blume aus.

Schreibe in jedes Blütenblatt eine Zeile von deinem Elfchen.
Schreibe in die Mitte: Mein Elfchen
Du kannst die Infokarte als Hilfe benutzen.

Falte die Blume und klebe sie auf dein Lapbook.

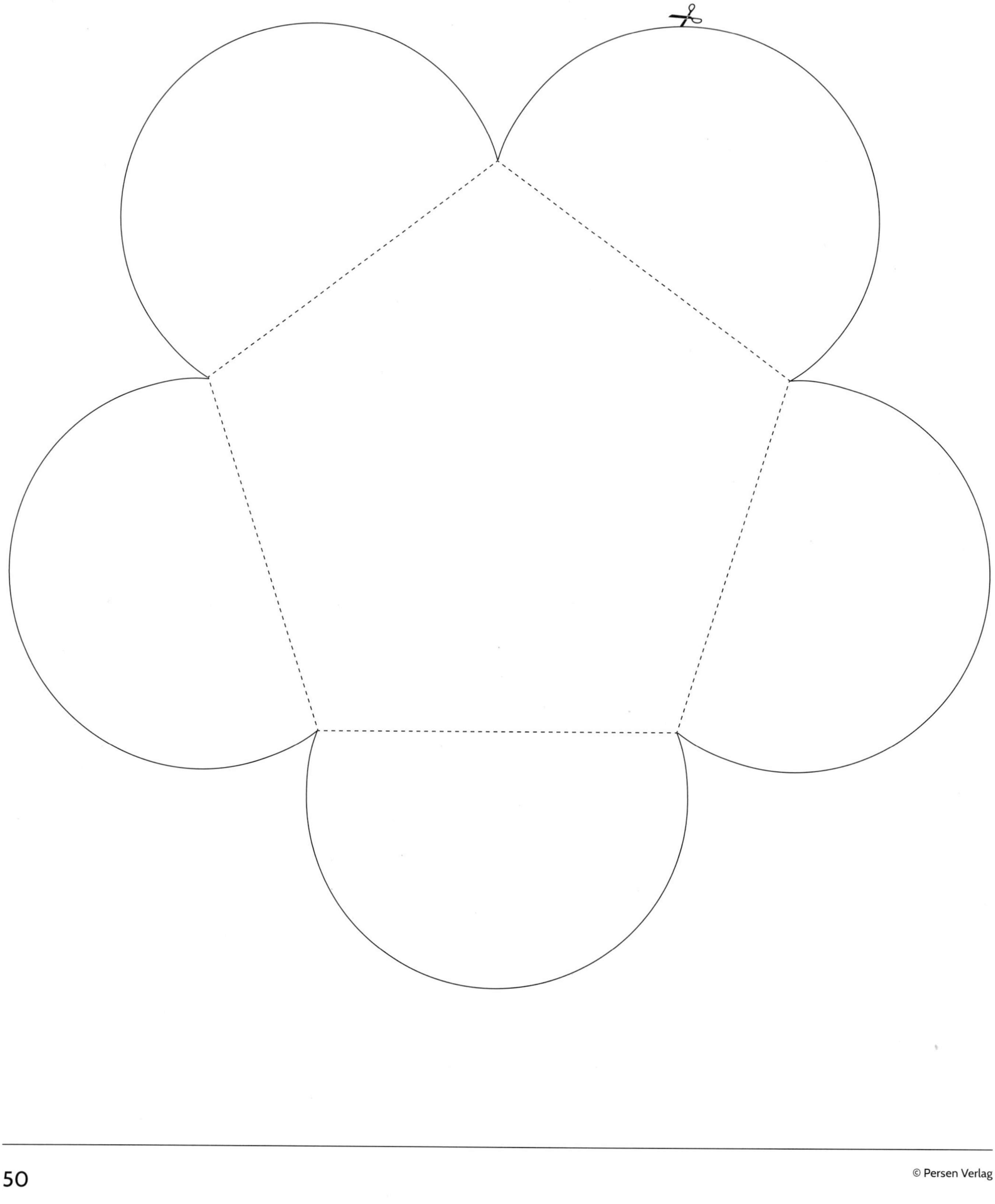

Schneide die Form aus und falte sie.

Schreibe oben auf die Form: Mein Haiku

Schreibe in jedes Herz eine Zeile von deinem Haiku.
Du kannst die Infokarte als Hilfe benutzen.

Klebe dein Haiku auf dein Lapbook.

Schneide die Form aus.

**Schreibe in jedes Feld eine Zeile von deinem Rondell.
Du kannst die Infokarte als Hilfe benutzen.**

**Hefte dein Rondell auf dein Lapbook.
Schreibe daneben: Mein Rondell**

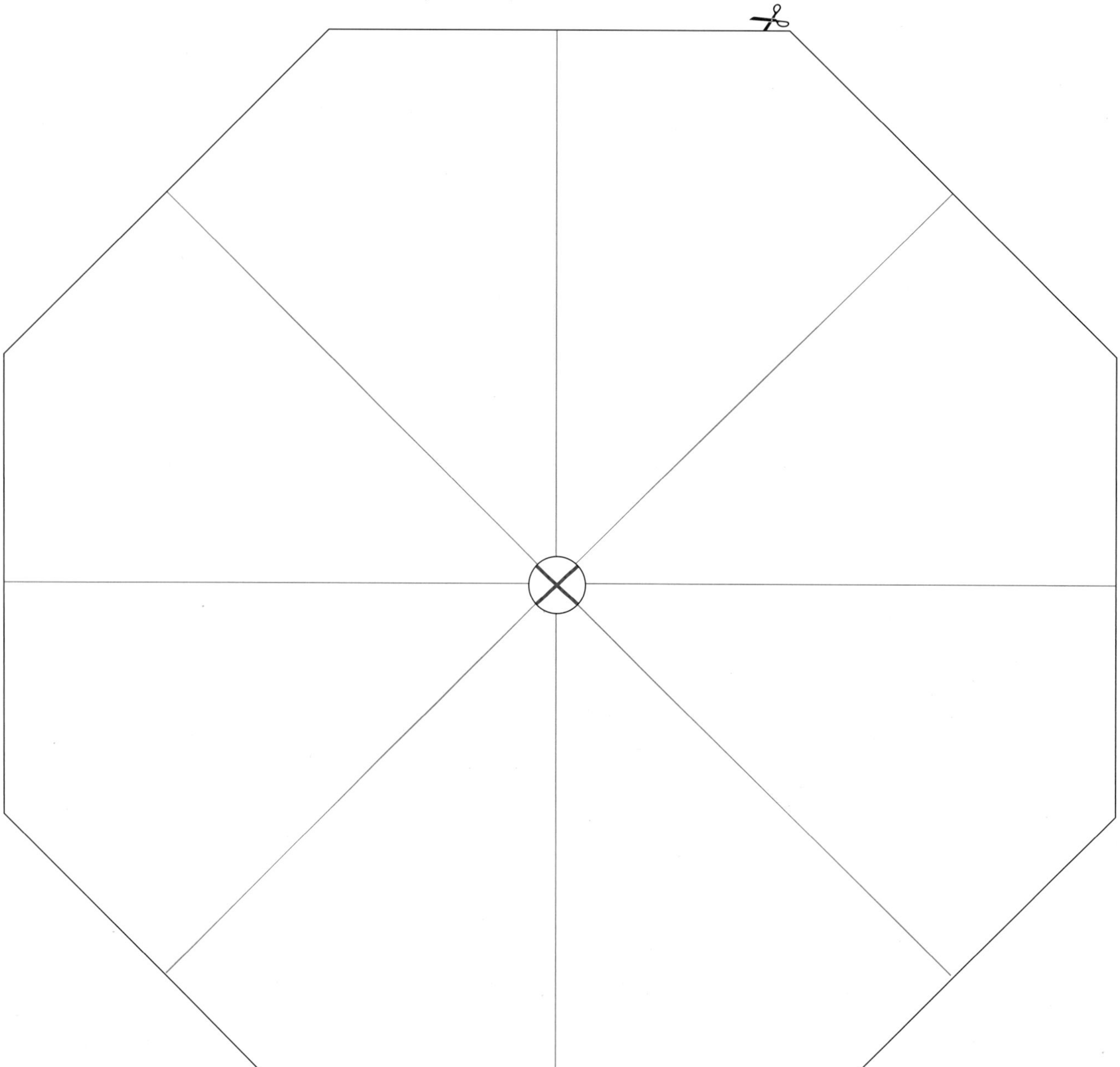

Schneide die Form aus.

Schreibe in das erste Feld:
Mein Akrostichon

Überlege dir ein Wort. Schreibe in jedes Feld einen Buchstaben von deinem Wort. Schreibe ein Wort oder einen Satz zu jedem Buchstaben. Du kannst die Infokarte als Hilfe benutzen.

Falte dein Akrostichon und klebe es auf dein Lapbook.

Schneide die Truhe aus.

Falte sie und klebe sie auf dein Lapbook.

Suche dir Gedichte, die dir gut gefallen, und schreibe sie auf.

Du kannst dir auch selbst Gedichte ausdenken.

Schreibe die Gedichte auf kleine Zettel und stecke sie von oben in die Truhe.

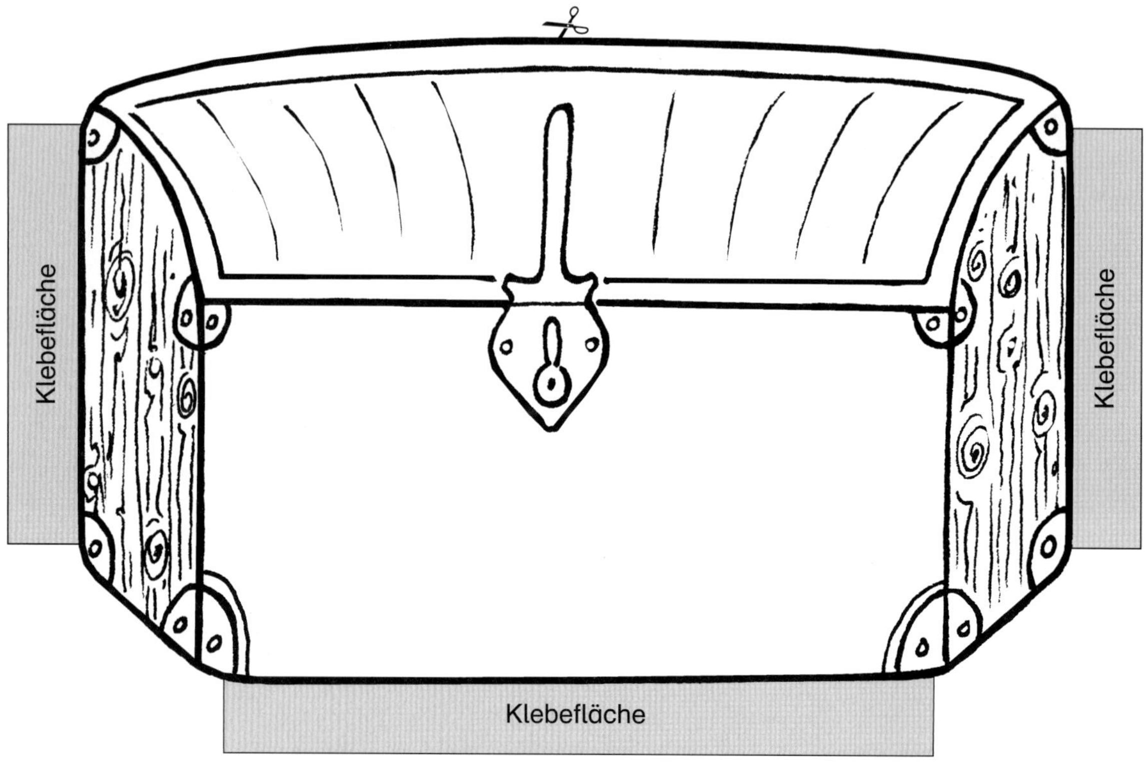

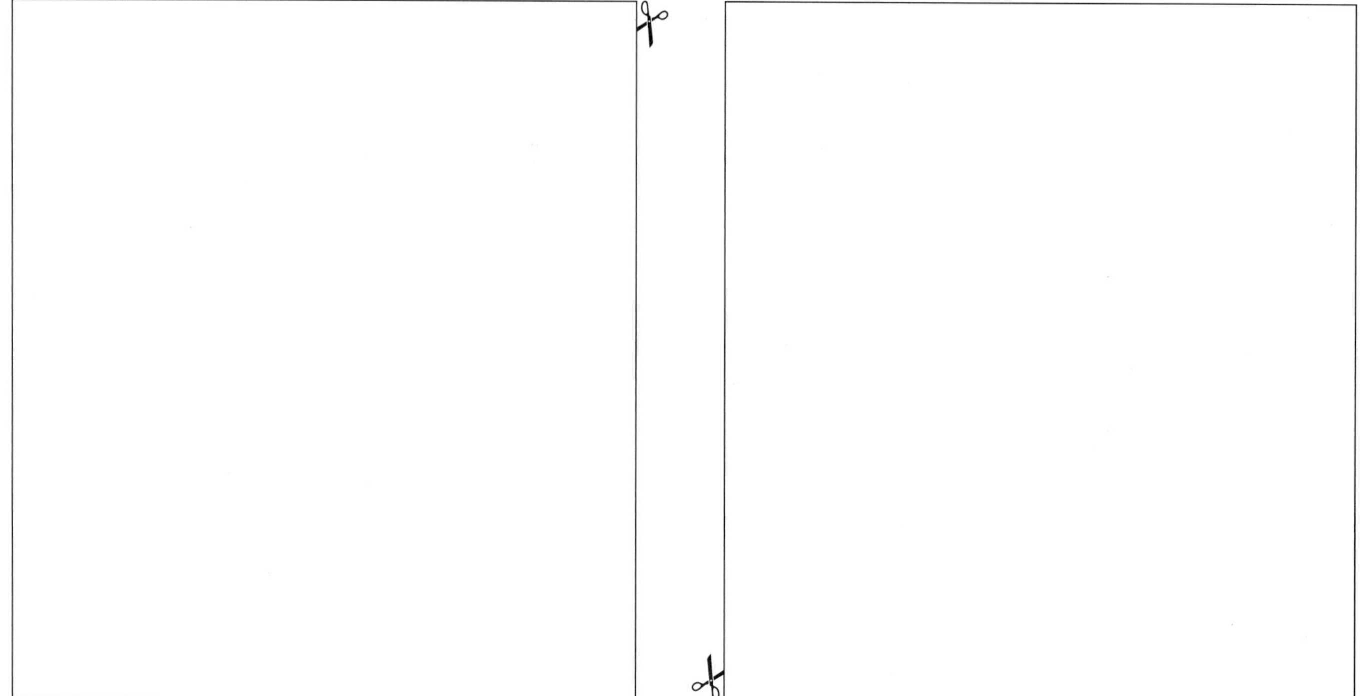

In Gedichten wird mit Sprache gespielt. Suche Wörter in Gedichten, die du schön findest.

Schneide den Baum aus und klebe ihn auf dein Lapbook.

Schneide die Blätter aus.

Schreibe deine Wörter auf die Blätter und klebe sie auf den Baum.

Schneide den Gedichtewurm aus.

Welche Gedichtformen hast du gelernt? Schreibe sie in die Felder.

Falte den Gedichtewurm in der Mitte und klebe ihn auf dein Lapbook.

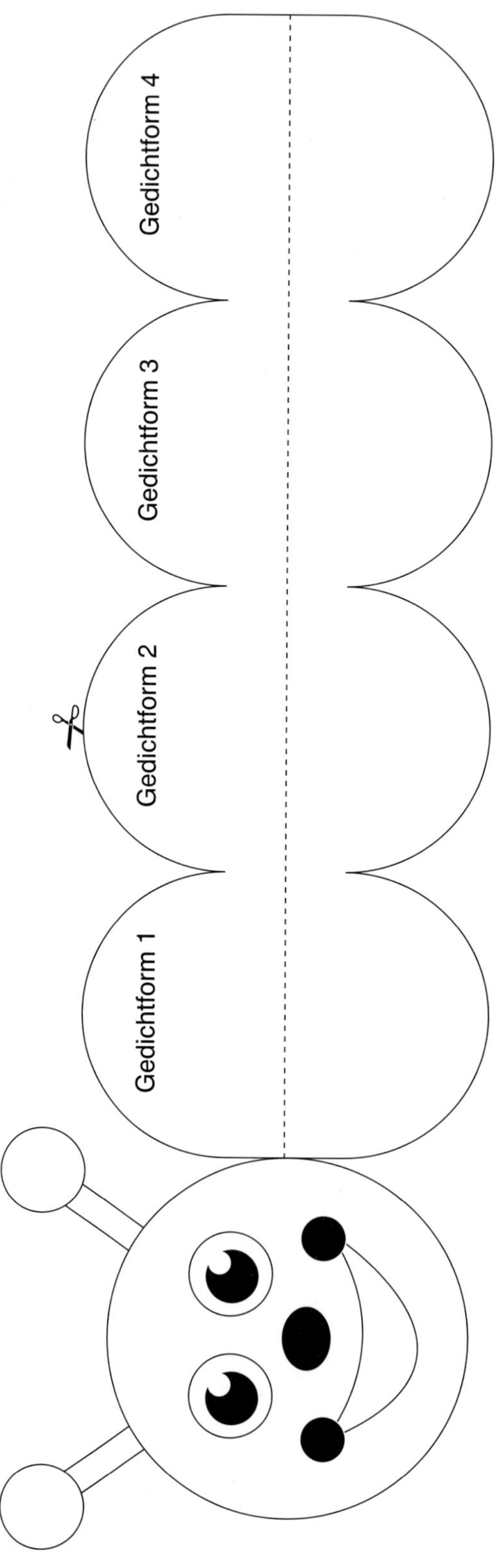

  **Male die Vorlagen für das Deckblatt an und schreibe deinen Namen in das Feld.**

 **Schneide die Vorlagen aus.**

 **Klebe sie auf dein Lapbook.**

Aufsätze schreiben

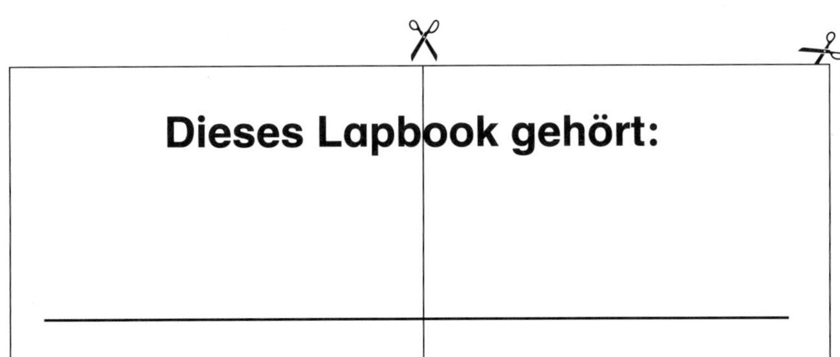

Informiere dich.
Lies die Infokarte oder lass sie dir vorlesen.

Wenn du einen Aufsatz schreiben möchtest, darfst du verschiedene Dinge nicht vergessen:

- Du brauchst Ideen für Personen und Tiere, die in deiner Geschichte mitspielen.

- Du brauchst Ideen für Orte und Plätze in deiner Geschichte.

- Wann spielt deine Geschichte? Vielleicht im Mittelalter? Wie spät ist es?

- Wie fühlen sich die Personen und Tiere in der Geschichte?

- Wie sehen die Personen und Tiere genau aus? Tragen sie etwas bei sich?

Wenn du einen Aufsatz schreibst, musst du darauf achten, was für Sätze und Wörter du benutzt.

- Benutze viele unterschiedliche Wörter. Du darfst Wörter nicht zu oft wiederholen.
- Der Text wird spannender, wenn die Personen in deiner Geschichte sich unterhalten. Benutze wörtliche Rede.
- Denke dir spannende Satzanfänge aus. Dafür kannst du Wörter benutzen wie „plötzlich“ und „auf einmal“.

Informiere dich.
Lies die Infokarte oder lass sie dir vorlesen.

Ein Aufsatz besteht aus **drei Teilen**.

Der erste Teil ist die **Einleitung**.
Sie ist kurz und macht Lust, die Geschichte zu lesen. Sie ist nicht langweilig.
In der Einleitung steht, welche Personen in der Geschichte mitspielen und an welchem Ort die Geschichte passiert. Die Zeit der Geschichte steht auch in der Einleitung.
Diese Fragen werden beantwortet: **Wann? Wo? Wer?**

Der zweite Teil ist der **Hauptteil**.
Der Hauptteil ist der längste Teil der Geschichte. Er ist spannend und es passiert sehr viel.
Er ist der Höhepunkt der Geschichte. Es wird erzählt, was die Personen denken und fühlen.
Diese Fragen werden beantwortet: **Was passiert? Wie passiert es? Warum passiert es?**

Der dritte Teil ist der **Schluss**.
Er ist genauso kurz wie die Einleitung.
Der Leser erfährt, wie die Geschichte endet.

Sammele Ideen für Personen und Tiere in Geschichten. Schaue dafür in Zeitungen und Büchern nach.

Schneide und falte das Faltbuch.

Schreibe deine Ideen auf die Seiten in das Faltbuch.

Klebe das Faltbuch auf dein Lapbook.

Ideen für Personen und Tiere

1 2 3 4 5 6 7 8

STOPP!

Sammele Ideen für Orte und Zeiten in Geschichten. Schaue dafür in Zeitungen und Büchern nach.

Schneide und falte das Faltbuch.

Schreibe deine Ideen auf die Seiten in das Faltbuch.

Klebe das Faltbuch auf dein Lapbook.

2	Ideen für Orte und Zeiten 1
3	8
4	7
5	6

Denke dir Gefühle aus, die in deinem Aufsatz vorkommen können.

Schneide die Wolken aus.

Schreibe deine Ideen auf die Wolken.

Hefte sie auf dein Lapbook.

  **Schneide die Bilder aus und klebe sie auf dein Lapbook.**

 **Wie sehen die Kinder aus? Schreibe ihre Merkmale auf die Streifen.**

 **Klebe die Streifen neben die Bilder.**

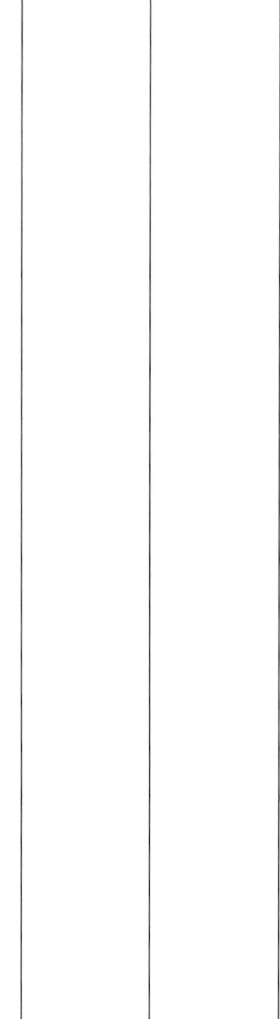

Wenn du einen spannenden Text schreiben möchtest, musst du Personen sehr genau beschreiben.

Lies dir die Sätze durch.

Schreibe einen spannenden Satz daneben.

Schneide die Herzen aus, falte sie und klebe sie auf dein Lapbook.

Der Pirat trägt einen Säbel

Der gefährliche Pirat trägt einen alten Säbel mit einem goldenen, verzierten Griff.

Johann findet eine Kiste.

Der Hund spielt im Garten.

Wenn du einen spannenden Text schreiben möchtest, darfst du Wörter nicht zu oft wiederholen.

Schneide die Blumen aus.

Falte sie und klebe sie auf dein Lapbook.

Denke dir neue Wörter aus und schreibe sie in die Blütenblätter.

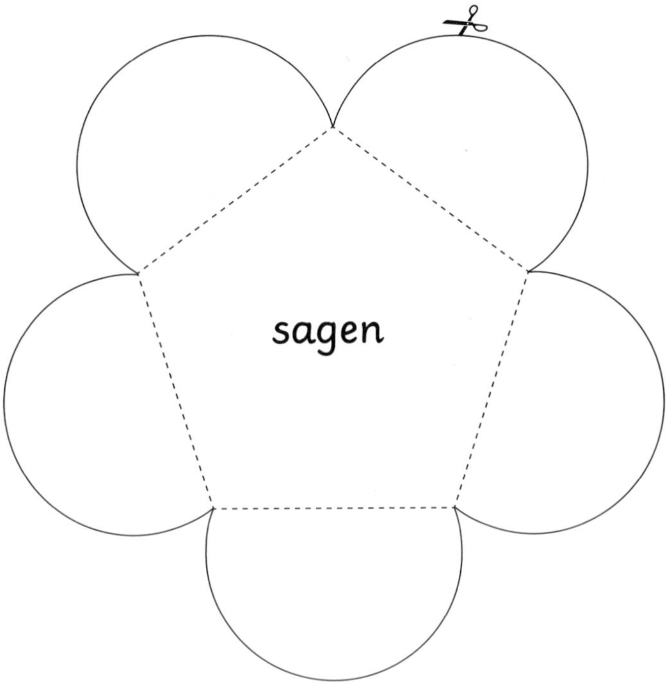

sagen

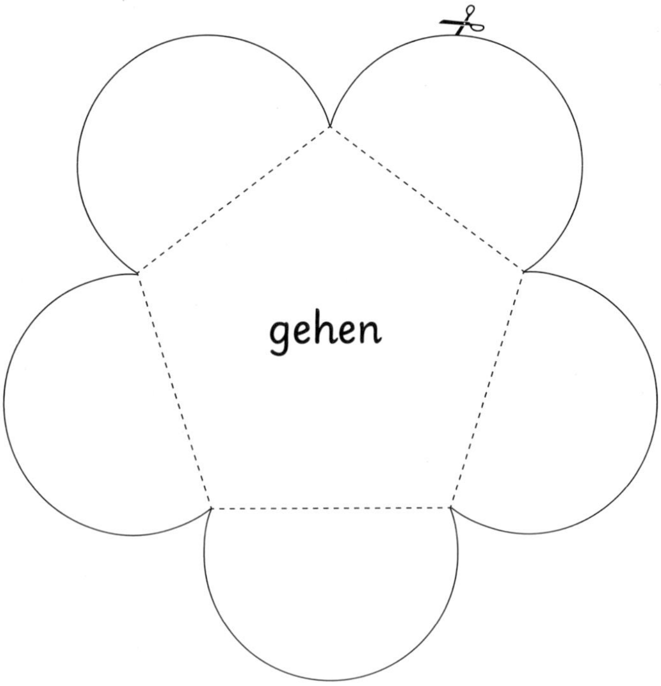

gehen

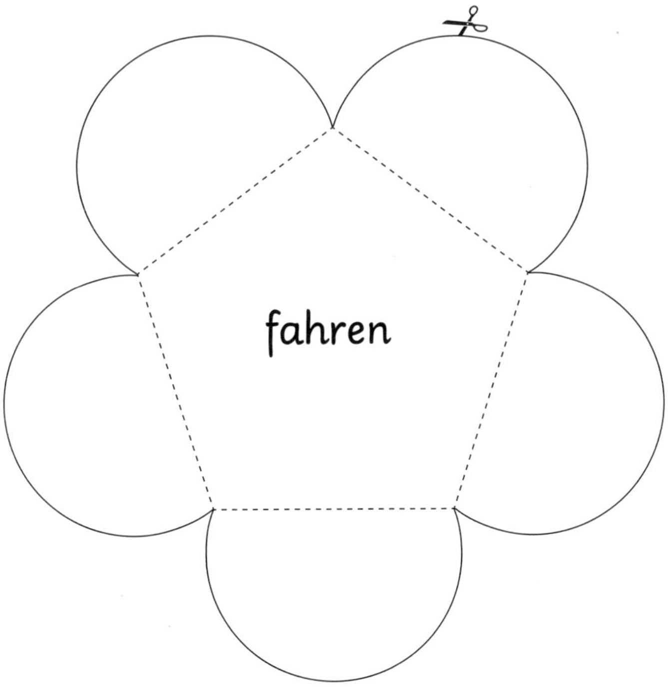

fahren

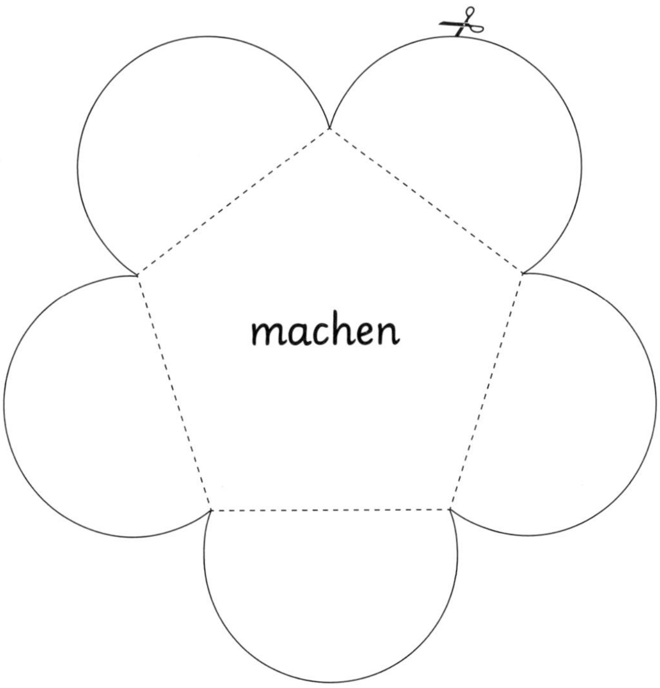

machen

Schneide die Fächer aus.

Überlege dir spannende Satzanfänge für deinen Aufsatz.

Schreibe die Satzanfänge auf die Fächer und hefte sie auf dein Lapbook.

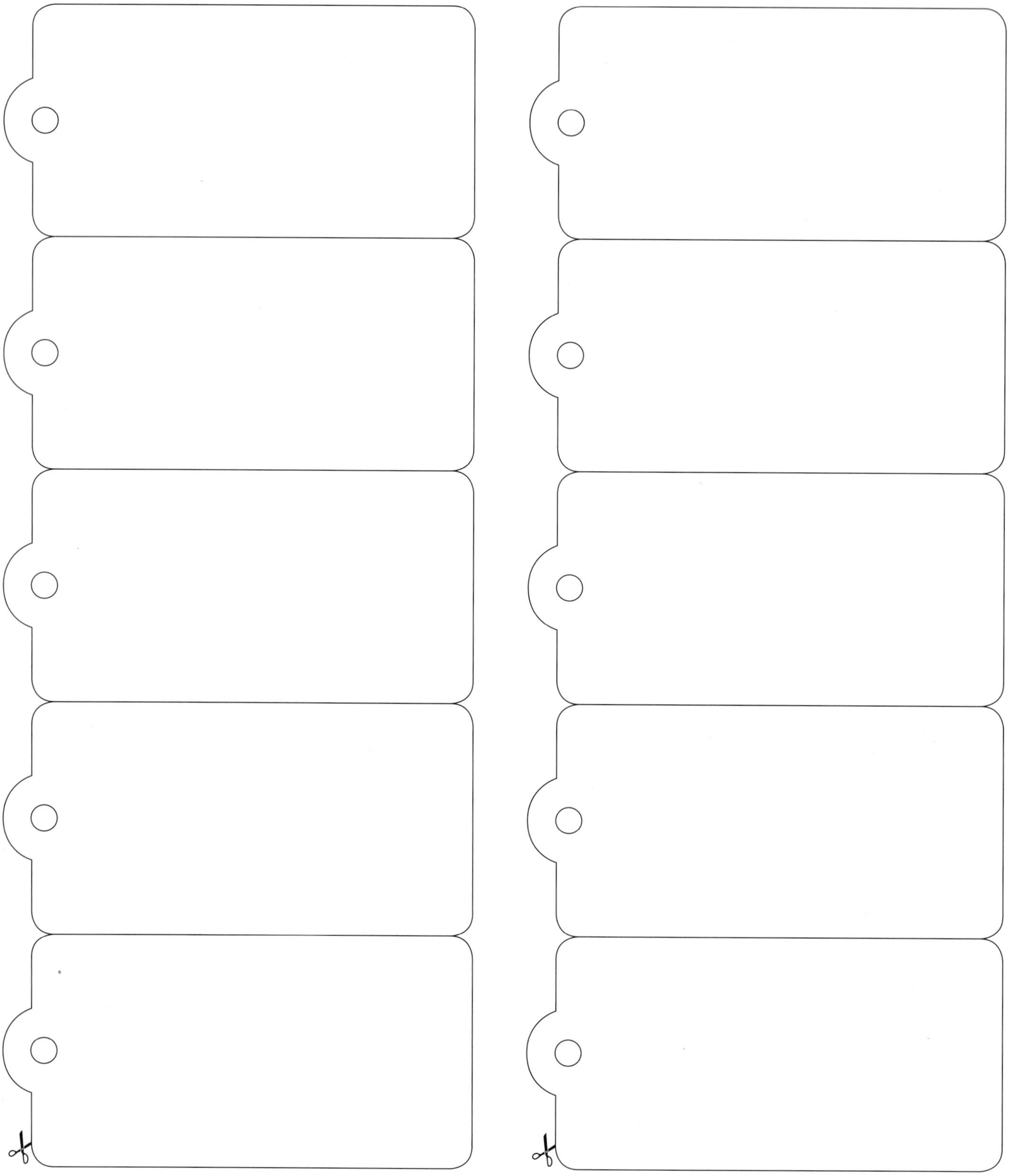

Lies dir den Text durch.

Schreibe die Texte mit wörtlicher Rede auf.
Schreibe in die Sprechblasen.

Schneide die Sprechblasen aus und klebe sie auf dein Lapbook.

1. Mara und Ole wollen mit Oma Hilda Kekse backen. Oma sagt ihnen, dass sie die Butter aus dem Kühlschrank holen sollen. Mehl, Eier und Zucker holen sie aus dem Schrank. Mara fragt Oma, wo die Schüssel und der Rührer sind.

2. Pia und Emmi spielen im Garten. Plötzlich fängt es an zu regnen. Mama ruft den Kindern zu, dass sie wieder ins Haus kommen sollen. Pia sagt, dass sie schon ganz nass ist.

Schneide die Form aus und falte sie.

Falte die drei Laschen nach unten und schreibe drei Überschriften darauf.

Falte die Laschen hoch und schreibe alles auf, was du über die drei Teile von der Aufsatzmaus weißt.

Du kannst die Infokarte als Hilfe nutzen.

Klebe die Aufsatzmaus auf dein Lapbook.

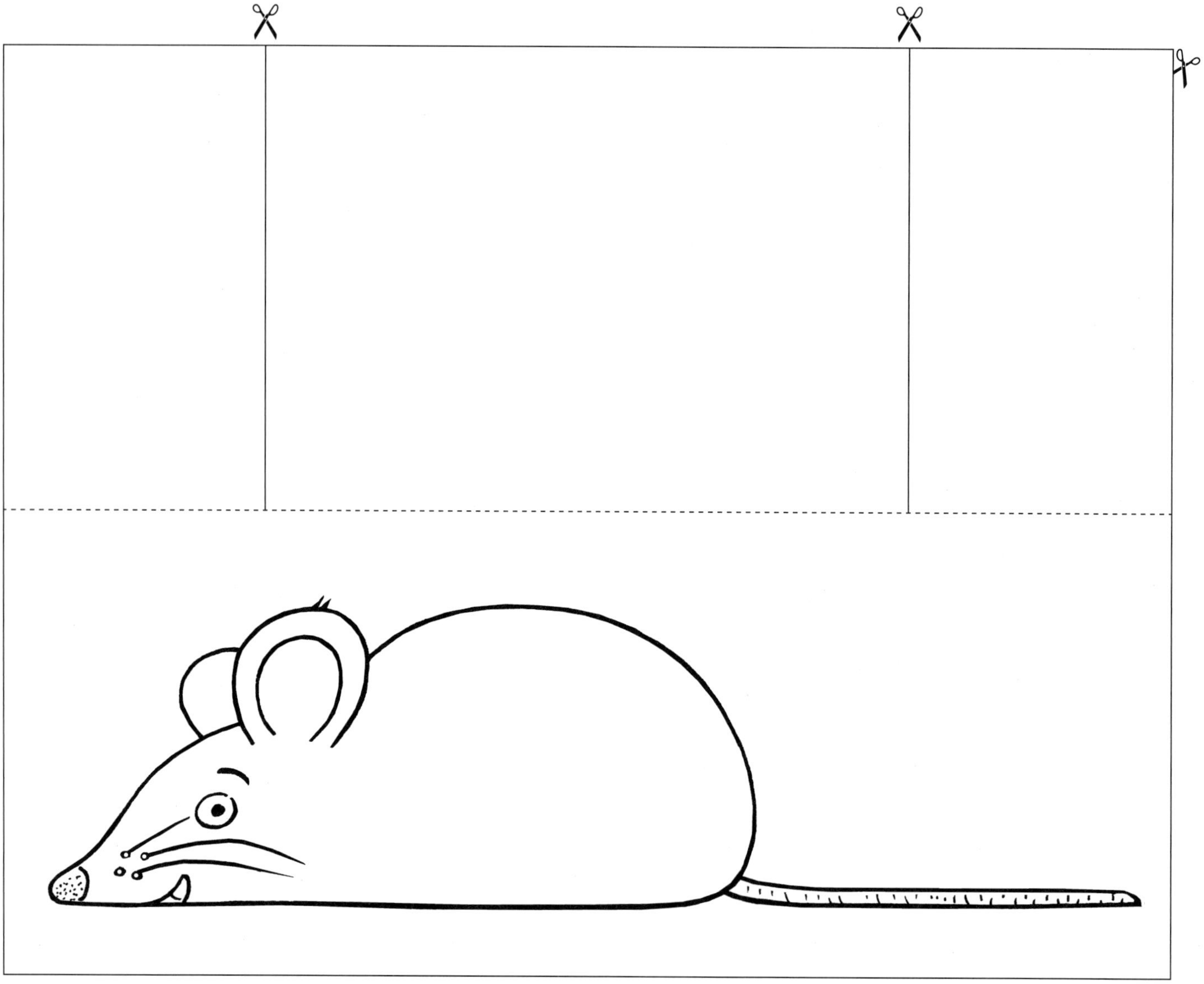

 **Schneide den Aufsatzwurm aus.**

 **Beantworte die Fragen.**

 **Falte den Aufsatzwurm in der Mitte und klebe ihn auf dein Lapbook.**

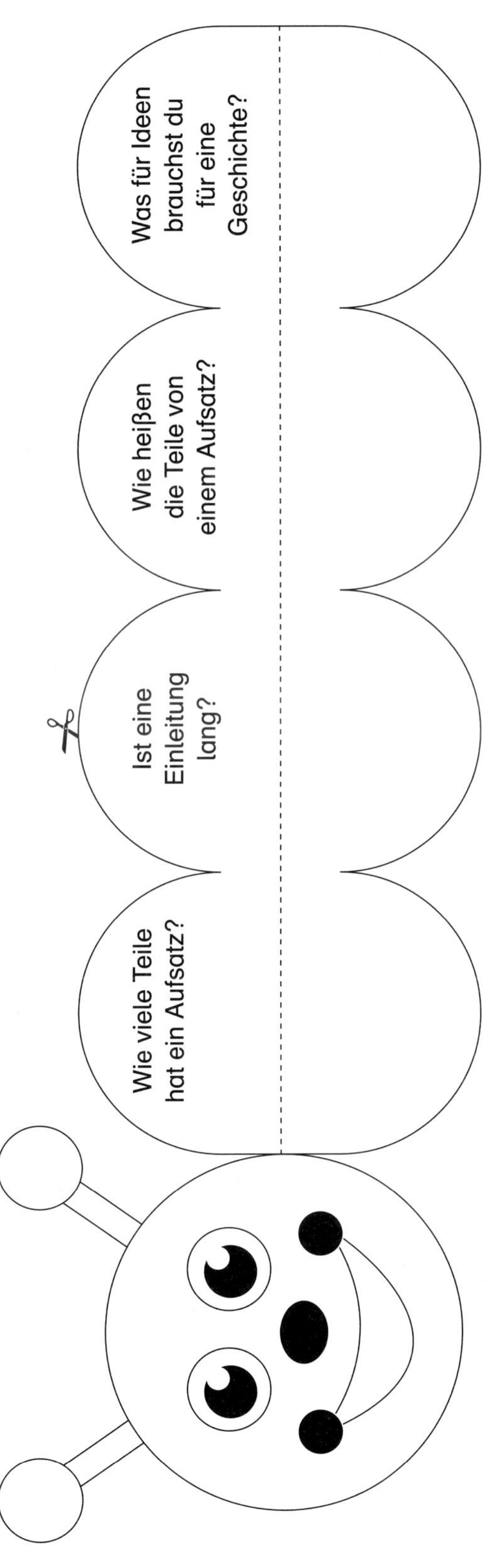

Klebefläche

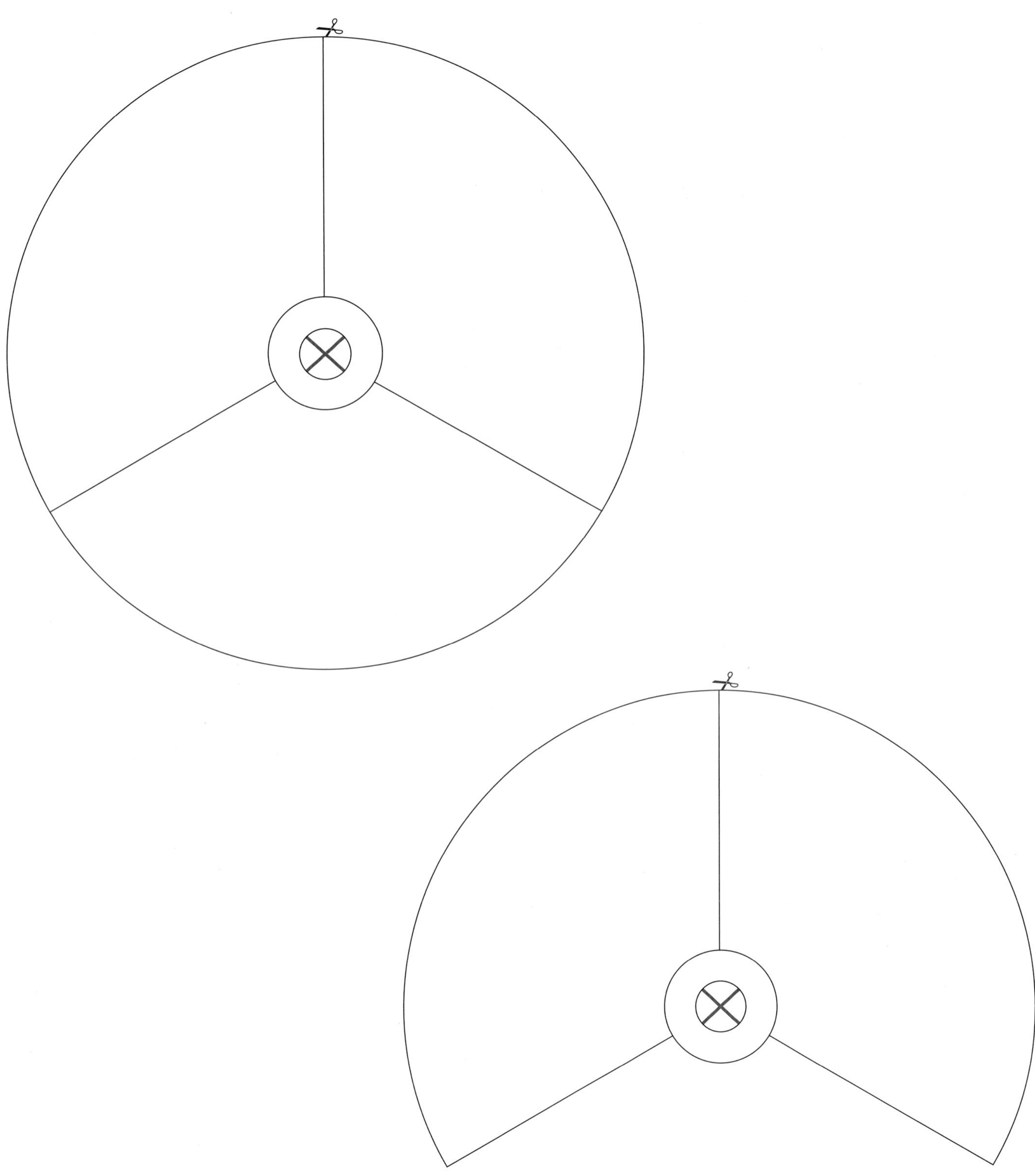

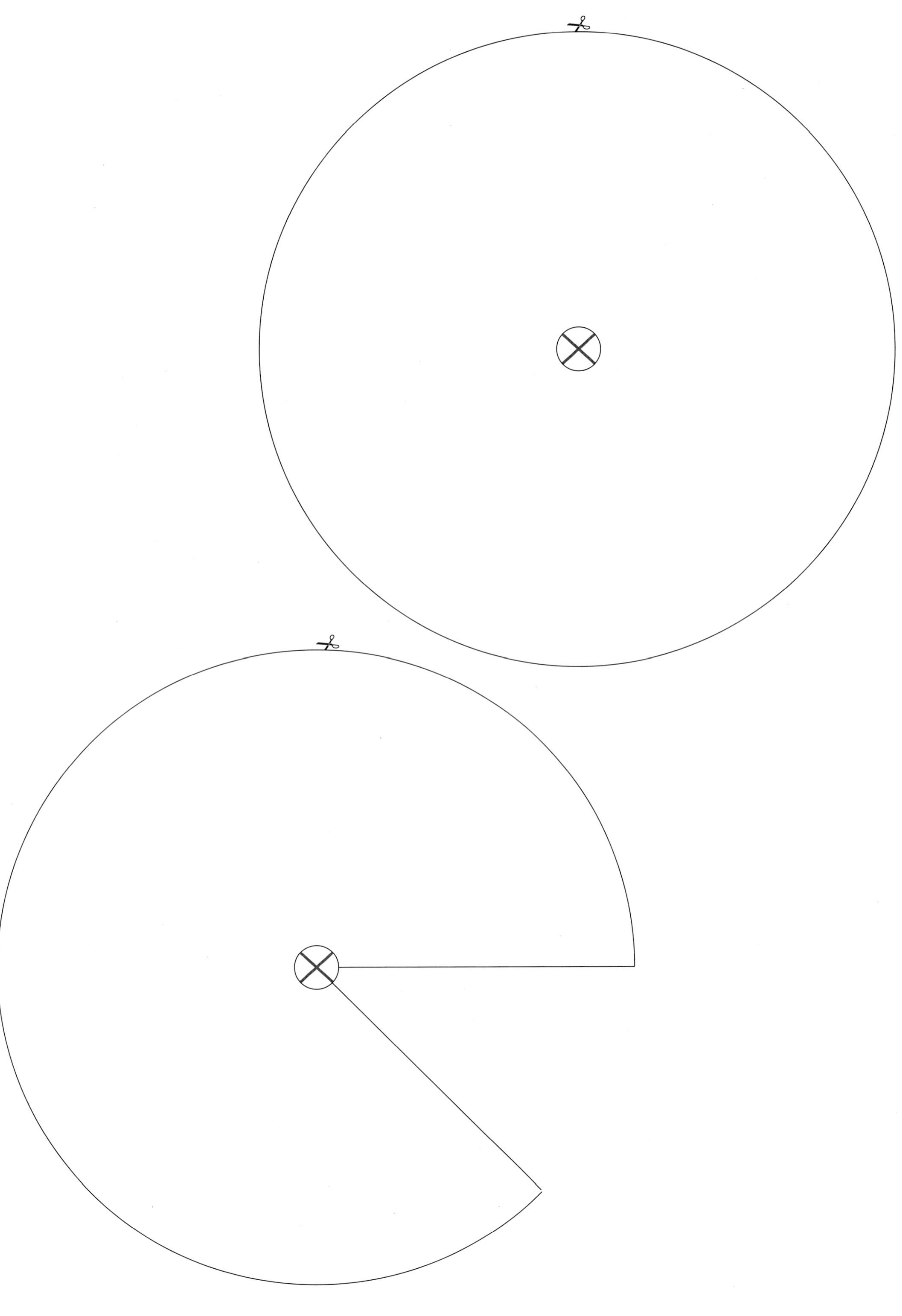

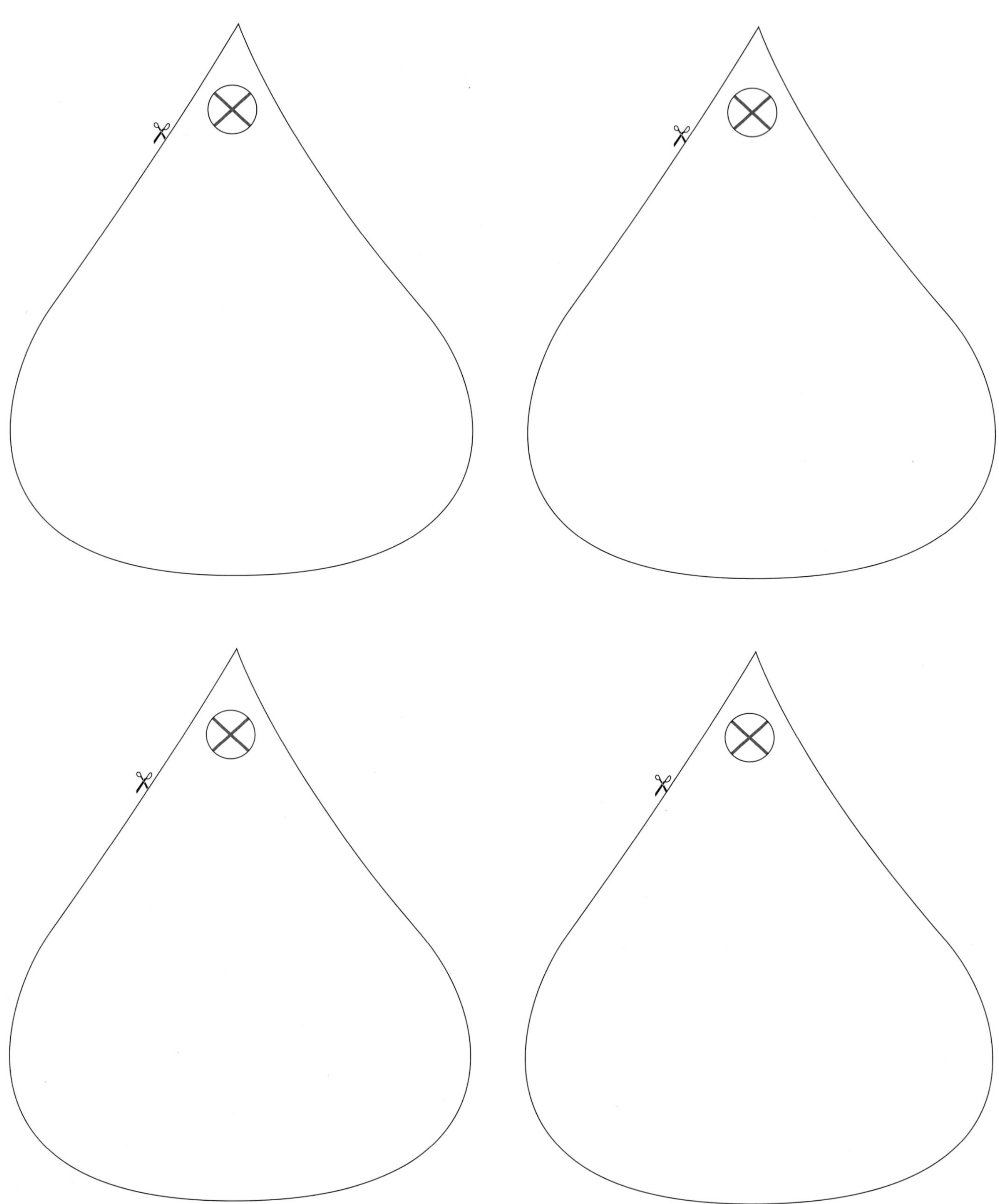

Name: ______________________ Klasse: __________ Datum: ________________

Wir erstellen ein Lapbook zu einem selbst gewählten Thema

	3 Punkte	2 Punkte	1 Punkt	0 Punkte
1. Inhalt				
Du kennst dich mit dem Thema gut aus.				
Du stellst die Sachverhalte richtig dar.				
Du verwendest Fachbegriffe.				
Die anderen Kinder lernen etwas durch dein Lapbook.				
2. Gestaltung				
Dein Lapbook macht neugierig.				
Du hast sauber geschnitten, geschrieben und geklebt.				
Dein Lapbook ist gut gegliedert.				
3. Präsentation				
Deine Präsentation ist anschaulich.				
Du hast laut und deutlich gesprochen.				
4. Sonstiges				
Du hast dich nicht ablenken lassen und konzentriert gearbeitet.				
Gesamtergebnis				

Male die erledigten Aufgaben an.

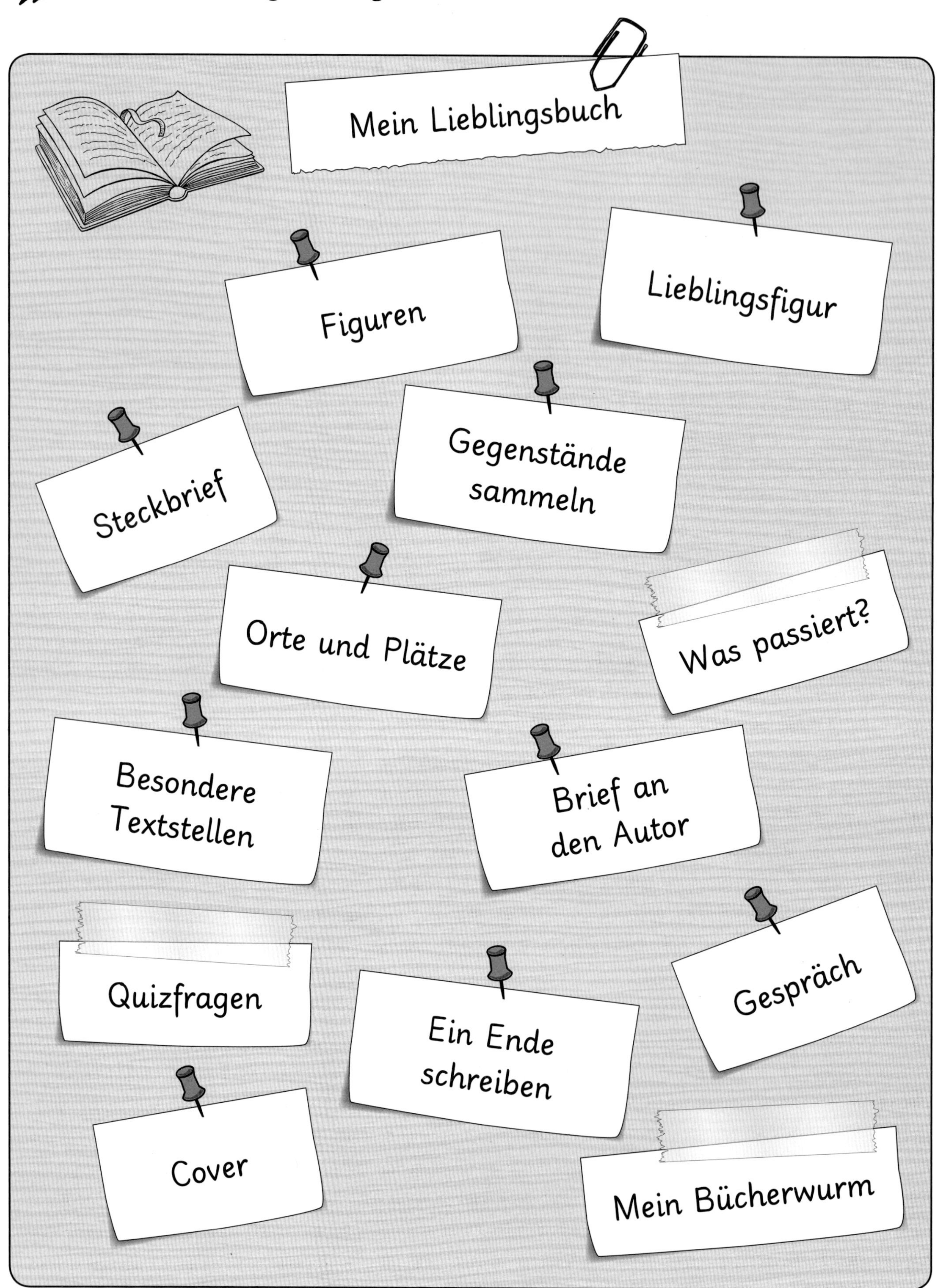

Male die erledigten Aufgaben an.

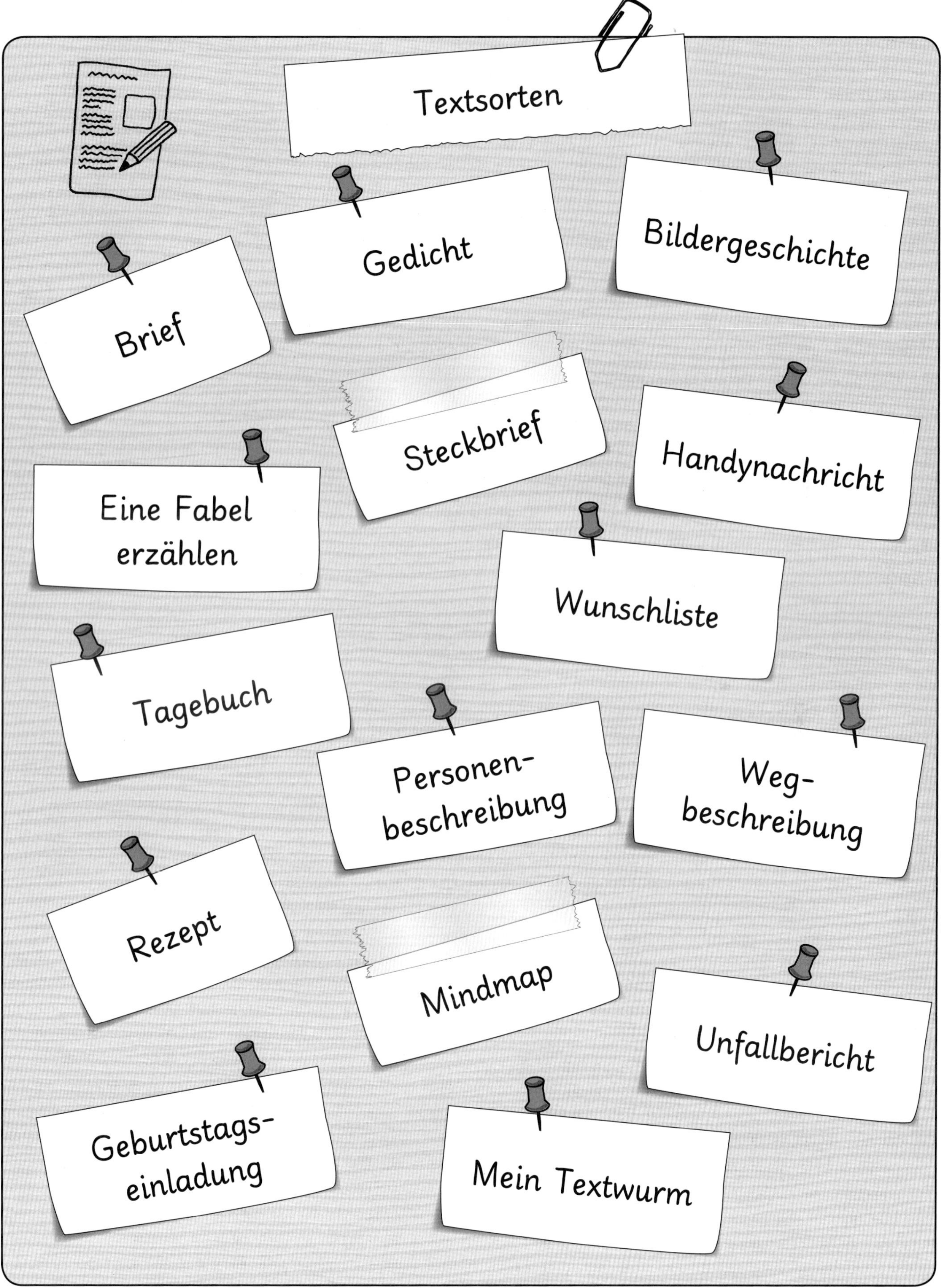

Male die erledigten Aufgaben an.

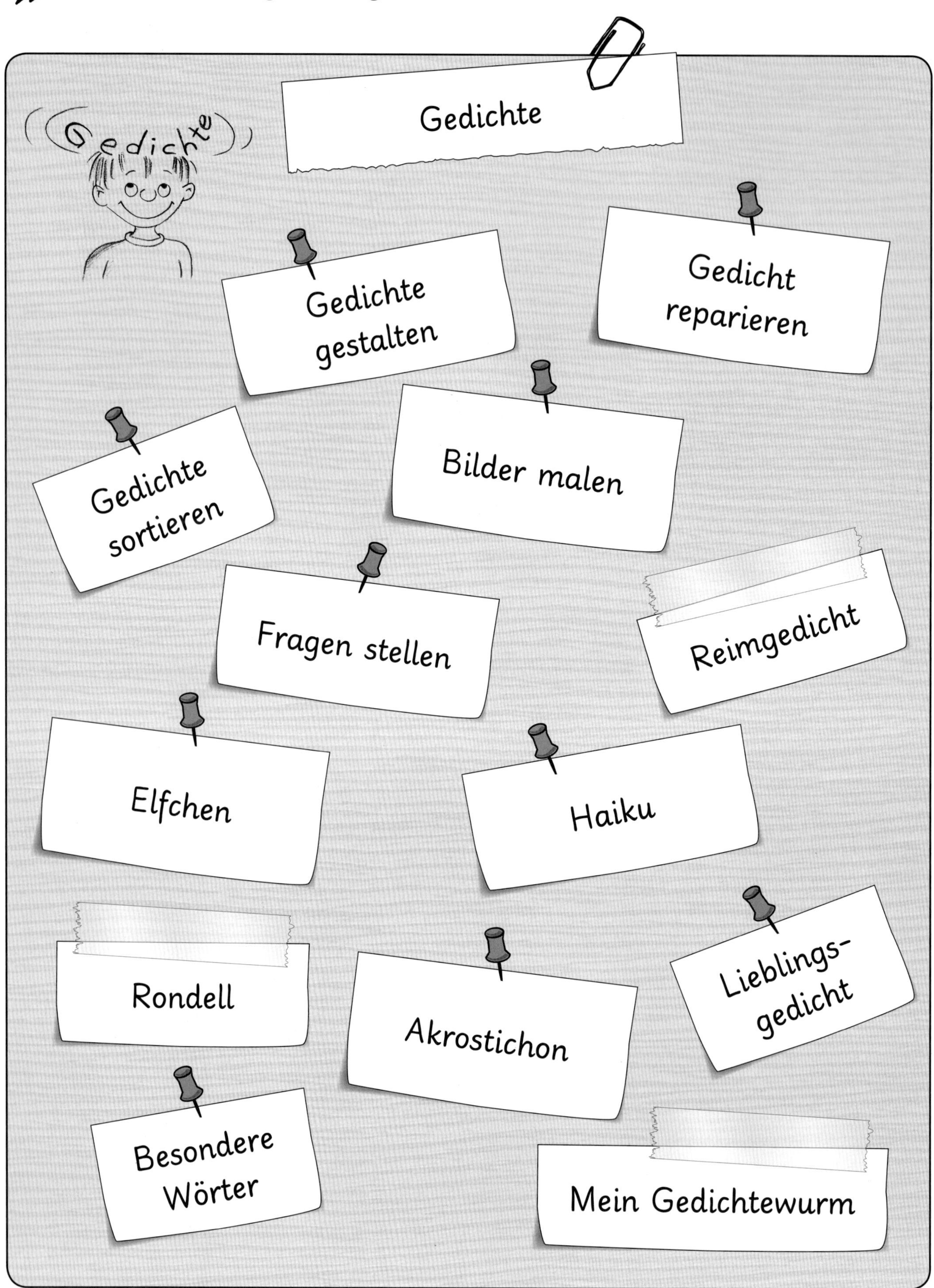

Male die erledigten Aufgaben an.

Male die erledigten Aufgaben an.